내 아이를 위한
엄마의 뇌 공부

내 아이를 위한 엄마의 뇌 공부

이에스더 지음

목차 CONTENTS

프롤로그 PROLOGUE · 008

제1부　뇌가 좋은 아이

01	지능은 유전일까? 환경일까?	019
02	뉴런과 시냅스	023
03	머리가 좋다는 것은?	029
04	학부모가 꼭 알아야 할 우리 아이 뇌 구조	033
05	공부는 호르몬이 한다.	049
06	뇌 발달의 최적화(뇌와 잠, 뇌와 영양, 뇌와 운동)	059

제2부　뇌와 정서

01	공부 정서 - 공부가 재미있는 아이	079
02	정서의 뇌가 편안해야 공부를 잘할 수 있습니다.	093
03	스트레스가 학습에 미치는 영향	104
	스페셜 칼럼 / 아이의 발달과 아빠의 역할	113

제3부 유아기의 뇌

01	언어와 뇌	121
02	수학과 뇌	129
	스페셜 칼럼 / 수학의 뇌가 쑥쑥	144
03	기억력과 뇌	148
04	집중력과 뇌	163
	스페셜 칼럼 / 좋아하는 것에만 집중하는 것은 집중이 아니다.	172
05	창의력과 뇌	174
06	사회성과 뇌	185
	스페셜 칼럼 / 아이에게 필요한 세 가지 사회적 능력	201

제4부 연령별 뇌 발달 포인트

01	영아기	207
02	영유아기	218
03	유아기	228
	스페셜 칼럼 / 만족지연능력이 높은 아이가 성공한다.	240
04	학령기	243
	스페셜 칼럼 / 칭찬의 기술	257
05	청소년기	261
	스페셜 칼럼 / 아이는 어떻게 발달하는가?	268

에필로그 EPILOGUE · 274
참고문헌 · 276

PROLOGUE
프롤로그

부모에서 학부모로...

무엇을 먼저 해야 할까요?

아프리카 대륙 어느 강 부근에 원시부족이 살고 있었습니다. 그런데 어느 날 백인들이 나타나 강의 상류에 큰 댐을 짓기 시작했습니다. 댐이 완공되면 강물이 급격히 줄어들어 생활환경에 큰 변화가 생길텐데, 원시부족들은 예전과 다름없이 자식들에게 물고기 잡는 법, 사냥하는 법, 카누를 만드는 법, 농사짓는 법 등을 열심히 가르쳤습니다.

얼마 후 댐이 완공되었습니다. 원시부족들은 어떻게 되었을까요?

변화를 예측하지 못한 원시부족과 그들의 문명은 지구상에서 흔적도 없이 사라지고 말았습니다.

이 이야기는 미국의 작가이자 미래학자인 앨빈 토플러(Alvin Toffler)가 세운 가상 시나리오인데, 인류가 환경의 변화에 지혜롭게 대처하지 못하면 어떤 결과를 맞이하게 될지 예측할 수 있게 해 줍니다.

찰스 다윈(Charles Robert Darwin) 또한 지구상에서 '살아남는 종'은 힘이 센 종도, 영리한 종도 아닌 '변화에 유연하게 적응하는 종'이라고 했습니다. 물론 그의 진화론에 전적으로 동의하기는 어렵지만, 4차 산업과 팬데믹으로 인해 급변하는 요즘, 인류에게 가장 필요한 능력이 무엇인지 묻는다면 저 또한 '환경적응력'이라고 답할 것입니다.

원시부족들이 자식들에게 물고기 잡는 법, 사냥하는 법, 카누를 만드는 법, 농사짓는 법 등을 열심히 가르쳤듯이 동서고금을 막론하고 모든 부모들은 지대한 관심과 열성으로 자녀들을 교육합니다. 그런데 읽기, 쓰기, 셈하기를 시작으로 사고력과 문해력, 집중력 등 기본적인 학습능력을 갖추기 위한 뒷바라지만으로도 벅찬데, 주위에서는 외국어 교육, 영재 교육, 코딩 교육, 4차 산업 시대에 걸맞은 창의융합 교육은 물론 경제 교육까지 놓쳐서는 안 된다고 말합니다.

환경이 변해 갈 때마다 새로운 시대에 걸맞은 능력이 요구되는데, 그때마다 부모들은 끊임없이 새로운 교육정보와 학습법을 수집해야 하니 학부모 노릇이 여간 벅찬 게 아닙니다.

과연 시대가 바뀌어도 일관적으로 적용할 수 있는 근본적인 교육 원리는 없을까요?

교육의 원리, 뇌 안에 답이 있습니다.
세상이 변해가는 속도가 빠른 만큼 아이들의 두뇌 또한 고도의 감수성을 바탕으로 끊임없이 변화하고 있습니다. 하지만 대부분의 부모들은 이러한 뇌의 특성을 잘 알지 못합니다.

뇌의 기본 구조는 어떠한지, 또 각 구조별로 어떤 특징이 있는지, 뇌는 각 부위별로 어떤 기능을 하는지, 아이들의 뇌는 언제 어떤 식으로 발달하는지, 발달하는 아이의 뇌에 치명적인 요소가 있다면 무엇인지, 학습에 유리한 뇌가 있는지, 성적이 좋지 않은 아이는 무엇이 문제인지, 내 아이의 강점을 어떻게 발견할 수 있는지 등 미완성의 뇌가 완성되기까지 부모로서 어떤 도움을 줘야 할지를 제대로 배울 기회가 없었습니다.

이 책은 이렇게 해결되지 않은 궁금증을 가진 부모님들께, 시대가 변해도 자녀의 양육과 학습에 일관적으로 적용할 수 있는 뇌 발달의 기본 원리를 소개하고 있습니다.

모든 것에 있어 '원리'는 근본이 되는 이치이자 규범이 되는 보편적인 조건을 의미합니다.

천체물리학을 이해하기 위해서는 중력의 법칙이라는 기본 원리를 알아야 하고, 건축물을 짓기 위해서는 공간과 구조에 대한 원리를 잘 이해하고 있어야 하듯이 학습에 있어서도 부모들이 우선적으로 알아야 할 '뇌 발달의 기본 원리'가 있습니다.

아무리 좋은 공부법이 있다 한들 뇌의 발달 과정과 뇌 에너지의 활용 원리를 거스른다면 성공적인 학습을 기대하기 어렵기 때문에 부모가 먼저 뇌의 특성과 뇌 발달의 원리를 이해하는 것이 우선입니다.

뇌를 알면 어렵지 않습니다.
인간의 뇌는 하나의 덩어리로 보이지만 발달 순서와 위치에 따라 생존 뇌, 정서 뇌, 지성 뇌로 나뉘어 각 영역별로 특화된 기능을 수행합니다. 아이들의 뇌가 건강하게 발달하고, 원활하게 기능하기 위한 기본 조건은 각 영역별로 나누어진 '뇌의 에너지 활용 원리'를 따르는데, 인간의 뇌는 생명을 주관하는 '생존 뇌'에 가장 먼저 에너지를 공급하고, 그다음으로 감정을 담당하는 '정서 뇌'를 충족시킨 후에야, 비로소 이성적인 사고와 계획, 학습과 통제 등을 담당하는 '지성 뇌'에 에너지를 공급합니다.

정서적으로 안정되고 마음이 편한 아이가 공부를 잘하는 이유도 바로 여기에 있습니다.

또한 인간의 뇌는 모든 부위가 동시에 같은 속도로 발달하는 것이 아니라, 어떤 부위는 일찍 발달하기 시작해서 일찍 발달을 멈추는가 하면, 또 어떤 부위는 늦게 발달하기 시작해서 오랜 시간 동안 서서히 발달하기도 합니다. 이러한 발달 과정은 결코 인위적으로 앞당기거나 뛰어넘을 수 없기 때문에 아무리 좋은 교육이라 할지라도 뇌의 발달 시기를 고려하지 않은 채 인위적으로 발달을 가속화시키려는 시도는 위험합니다.

잠깐 특정한 영역에서 두각을 나타낼 수는 있지만, 인간의 뇌가 지닌 고유한 특성, 사랑과 공감능력, 자기조절력, 회복탄력성과 같은 가장 인간적이고 고차원적인 기능을 상실할 수 있기 때문입니다.

이러한 원리를 바탕으로 제1부에서는 뇌의 구조와 발달 순서, 그리고 아이들의 '생존 뇌'를 최적화하기 위한 기본 조건과 방법을 소개했습니다. 학습에 관여하는 신경전달물질과, 충분한 수면, 영양 섭취, 운동을 통해 '생존 뇌'를 최적화할 수 있는 방법을 설명하였습니다.

제2부에서는 마음이 편한 아이가 공부를 잘하는 이유와 함께, 아이들의 '정서 뇌'가 잘 발달하기 위한 조건과 스트레스와 가정환경이 아이들의 뇌와 학습에 미치는 영향을 설명했습니다.

제3부에서는 '지성 뇌'가 발휘할 수 있는 여러 기능을 '언어와 뇌', '수학과 뇌', '기억력과 뇌', '집중력과 뇌', '창의력과 뇌'로 세분화하여 각 주제별로 언어 뇌의 발달과 어휘력을 키우는 방

법, 수학 뇌의 발달과 구체적인 학습방법, 기억을 담당하는 뇌와 기억력을 향상시키는 방법, 집중력을 향상시키는 방법과, 창의성이 발현될 수 있는 환경 등을 소개했습니다.

마지막으로 제4부에서는 연령별로 뇌가 발달해 가는 과정과 각 연령에 맞는 적기 교육의 내용을 담았습니다. 또한 각 단원의 주제와 연관된 정보들을 스페셜 칼럼으로 따로 구성했습니다.

이 책은 취학 전 자녀를 둔 부모님들을 대상으로 썼지만, 책 안에 담겨있는 뇌의 특성과 뇌 발달의 기본 원리는 전 연령에 동일하게 적용할 수 있으니, 아이들뿐만 아니라 어른들의 뇌도 잘 이해할 수 있게 되길 바랍니다.

어쩌면 우리 자녀들이 살아갈 세상은 부모들이 한 번도 경험해 보지 못한 예측 불가능한 세상일 수도 있습니다. 이 책이 사랑하는 아이들의 건강한 발달과, 아이들이 한평생 배우고 익히는 것을 즐기며, 그로 인해 자신의 능력으로 '스스로 살아갈 수 있는 뇌', 급변하는 세상에서 변화에 유연하게 대처하고 능숙하게 '적응할 수 있는 뇌'를 갖추는 데 작게나마 도움이 되길 바랍니다.

지난가을 유튜브에 있는 저의 강의를 보고 연락을 주신 시대인 출판사의 윤진영 차장님께 깊은 감사를 드립니다. 책을 쓸 수 있는 좋은 기회를 주셔서 감사하고, 마음 편히 글을 쓸 수 있도록 집필 기간을 넉넉하게 배려해 주신 덕분에 무사히 이 책을 쓸 수 있었습니다.

또 십 년이 넘는 긴 세월을 부족한 저를 믿고 함께해 주신 박수옥 매니저님도 감사합니다.

매니저님께서 보내 주신 예쁜 필기구들로 글을 쓰면서 힘을 냈고, 기도해 주셔서 든든했습니다.

아이를 키우는 것은 콩나물시루에 물을 주는 것과 같다더니, 어느새 콩나물처럼 무럭무럭 자라서 엄마를 응원해 준 아들, 딸에게도 인사를 전하고 싶습니다.

"귀중아! 소중아! 사랑하고 자랑스럽고, 태어나줘서 고맙다."

무엇보다 책을 쓰는 동안 가장 큰 지원을 해 준 내 인생의 '안전기지' 사랑하는 남편에게 감사합니다. 있는 그대로의 내 모습을 사랑해줘서 고맙고, 가족을 위해 열심히 사는 모습에 감사하고 눈물 납니다.

끝으로 나의 작은 신음에도 응답하시는 하나님 아버지께 감사와 찬양을 드립니다.

2022년 2월
얼바인 반석 위의 집에서

내 아이를 위한
엄마의 뇌 공부

제1부

뇌가 좋은 아이

01
지능은
유전일까? 환경일까?

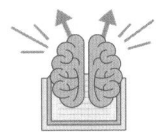

    인간은 모든 동물 중에서 가장 고등한 동물임에도 불구하고 가장 미숙한 상태의 뇌를 가지고 태어난다고 합니다.[1] 실제로 동물의 세계에서는 갓 태어난 망아지가 곧바로 일어서서 어미의 초유를 먹고 심지어는 드넓은 초원 위를 달리는 모습을 보면 참으로 놀랍습니다. 그런데 만물의 영장이라는 사람의 아기는 어떤가요? 태어나서 걸음마를 시작할 때까지 장장 1년이라는 긴 시간이 필요합니다.

---

1) 스위스 동물학자 아돌프 포르트만(Adolf Portmann)

왜 이렇게 차이가 나는 걸까요? 그 이유는 바로 '뇌' 때문입니다. 기린, 코끼리, 망아지 같은 포유동물들은 어미의 뱃속에서 이미 뇌 기능의 70~80% 정도가 완성된 상태로 태어납니다. 이는 야생에서 포식자에게 공격을 받는 동물이기 때문에 태어나자마자 혼자 힘으로 뛰어다닐 수 있어야만 자신을 보호하고 생존할 수 있기 때문입니다.

그런데 사람의 아기는 어떨까요? 이에 대해 학자들은 다양한 이론을 펼치고 있습니다. 아기의 뇌가 발달한 상태로 태어날 경우 산모의 좁은 산도를 빠져나오기가 어렵기 때문에 뇌가 덜 자란 상태에서 태어나는 것이라고도 하고, 인간은 고등동물이기 때문에 그만큼 다른 동물에 비해 상대적으로 갖춰야 할 기능이 많기 때문이라고도 합니다. 하지만 아직은 그 어느 것도 인간의 뇌가 미성숙한 상태로 태어나는 정확한 이유라고 단언할 수는 없습니다. 다만, 한 가지 분명한 것은 바로 이렇게 아기의 뇌가 완벽하지 않은 상태로 태어나기 때문에 그것이 오히려 무언가를 배우기에는 훨씬 더 적합하다는 것입니다.

만일 우리 아이들의 뇌가 100% 완성된 상태로 이 세상에 태어났다면 어땠을까요? 그저 타고난 대로, 또 주어진 대로인 환경 속에서 아무런 발전 없이 생존해 가야 했겠죠? 그뿐만 아니라 만약에 이미 100% 완성되어 타고난 뇌가 막상 태어나서 보니 환경에 적합하지 않으면 그때는 얼마나 당황스럽고 난처할까요? 우스갯소리처럼 태어나자마자 이번 생은 망한 걸까요? 만약 이런 상황이라면 웃을 일이 아니라 어쩌면 생존 자체가 불가능할 수도 있습니다.

아이의 뇌는 만들어진다.

인간의 뇌가 미완성의 상태로 이 세상에 태어나기 때문에, 아니 그 덕분에 아이들은 그때그때 환경에 맞는 적합한 뇌를 완성해 가면서 재능을 계발하고 복잡한 삶의 기술을 익히며, 광활하고 변화무쌍한 세상 속에서 유연하고 안정적으로 생존할 수 있었습니다. 이런 이유로 오늘날 대부분의 학자들은 유전만큼이나 환경의 중요성을 강조하고 있습니다. 물론 여전히 뇌 기능은 선천적으로 타고나는 것이 절대적이라고 생각하는 사람들도 많습니다. 하지만 뇌 기능이 유전적으로만 결정된다면 부모의 두뇌가 우수한 정도에 따라 자녀의 두뇌가 결정되어야만 하는데, 어디 현실이 그렇습니까?

역사적으로 천재라 일컬어지는 인물의 부모들은 오히려 평범한 경우가 많았으며, 천재들의 자녀들 또한 모두 천재는 아니니까요. 또 아무리 영재성을 타고난 아이라 하더라도 주변 환경이 뒷받침되지 않으면 그 능력을 제대로 발휘하기 어려울 뿐만 아니라 심지어 아이가 타고난 영재아라는 사실조차 모르고 넘어가는 안타까운 경우도 많이 있습니다.

결국 학자들은 오랜 연구와 논쟁 끝에 인간의 뇌는 유전과 환경 중 어느 한 가지 요인만으로 결정되는 것이 아니라 두 가지 요소 모두 지속적으로 상호작용을 하며 발달을 이룬다는 결론에 도달하였고, 이는 아이의 뇌 발달에 있어 수많은 가능성과 희망을 안겨줌과 동시에 또 한편으로는 부모로서의 막중한 책임감까지도 피할 수 없게 만드는 것도 사실입니다.

그렇다면 뇌란 무엇일까요?

02

뉴런과 시냅스

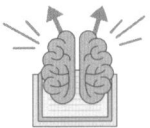

  호두 알맹이처럼 생긴 인간의 뇌를 보며 사람들은 '소우주'라고 말하기도 합니다. 고작 해봤자 양쪽 주먹을 마주 댄 정도의 크기이고, 대략 1.5kg 정도밖에 안 되는 이 작은 덩어리 속에 우리의 생각과 마음, 움직임과 그 외 생존에 관련된 모든 것들이 담겨 있기 때문입니다. 그래서인지 이 작은 뇌는 혼자서 우리 몸에서 만들어지는 에너지와 산소의 20%를 사용합니다. 그만큼 뇌가 하는 일이 많고 중요하다는 얘기이며, 우리가 머리를 많이 쓰면 유난히 피곤함을 느끼고 골치 아픈 일이 계속되면 과부하가 생기는 이유이기도 합니다.

뇌는 뉴런(neuron)이라고 불리는 신경세포들로 이루어져 있습니다. 뉴런의 생성은 임신 초기 신경관이 만들어진 직후부터 시작되는데, 아기가 태어날 때는 약 1천억 개의 뉴런을 가지고 태어납니다. 한때는 출생 이후 뉴런의 수는 변하지 않으며, 손상된 세포는 다시 재생되지 않는 것으로 알려져 왔으나, 최근에는 성인의 뇌에서도 새로운 신경세포가 일부 만들어진다는 것이 확인되었습니다. 뉴런의 크기는 조금씩 다르지만 보통 시침핀 머리 크기의 약 3만분의 1 정도로 아주 작으며, 크게 세포체와 수상돌기, 축색돌기로 구성되어 있습니다.

핵을 포함하는 신경세포의 본체 부분인 세포체는 다양한 신호가 만들어지는 곳이기도 하며, 만들어진 신호를 축색돌기로 보내는 역할과 뉴런이 일을 잘할 수 있도록 에너지를 만들어 공급하는 역할을 합니다. 또 세포체에서 나뭇가지 모양으로 뻗어 나간 수천 개의 수상돌기는 다른 신경세포의 축색돌기로부터 정보를 받아 신경세포체에 전달하는 역할을 합니다. 쉽게 말해 '입력'을 담당한다고 볼 수 있습니다.

전화선 모양의 축색돌기는 수상돌기와는 반대로 신경세포에서 '출력'을 담당하는 곳으로서 각각의 신경세포에 하나씩만 존재합니다. 하지만 각각의 길이가 매우 다양해서 바로 이웃해 있는 신경세포까지 미치는 짧은 축색돌기가 있는가 하면 다른 쪽 대뇌반구까지 뻗어 있는 긴 축색돌기도 있습니다.

전화선에 코팅을 하는 것처럼 축색돌기에도 지방질로 된 얇은 코팅막이 있는데, 이를 수초라고 합니다. 수초는 축색돌기를 보호할 뿐만 아니라 전기신호의 전달속도를 빠르게 하고, 가까이에 있는 다른 신호의 방해를 막아 뉴런이 정보를 보다 정확하고 신속하게 전달하도록 해 줍니다.

수초가 싸고 있는 축색돌기의 끝은 축색종말이라고 부르며, 이곳에는 도파민과 세로토닌, 에피네프린과 같은 신경전달물질이 저장되어 있습니다.

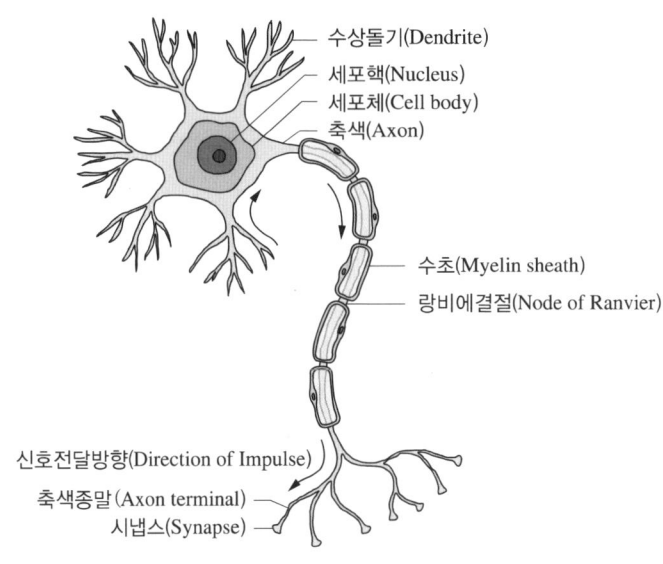

뉴런은 얼핏 보기에는 서로 딱 붙어 있는 것 같지만, 자세히 들여다보면 1인치의 100만분의 1에 해당하는 작은 틈새를 가지고 있습니다. 이 벌어진 틈을 시냅스(synapse)라고 하며, 각각의 신경 세포에는 1만여 개의 시냅스가 있습니다. 시냅스는 뉴런들을 연결하는 다리 역할을 하는 조직으로 뉴런이 다른 뉴런에 정보를 전달하도록 해 줍니다.

출생 시 뉴런의 수는 성인과 비슷하지만 뉴런의 연결은 겨우 17%밖에 되지 않은 상태입니다. 어찌 보면 갓 태어난 아기의 뇌는 거의 백지상태에 가깝다고 할 수 있겠지만, 아이가 자라는 동안 이뤄지는 수많은 학습과 경험을 통해 순간순간 뉴런 사이의 연결이 형성되고 제거되며 재구성될 수 있다는 점, 바로 이런 유연성이 현대 뇌 과학의 쟁점인 뇌 가소성[2]의 기본 원리이며, 누구나 평생 학습을 통해 꾸준한 성과와 발전을 이룰 수 있는 근거입니다.

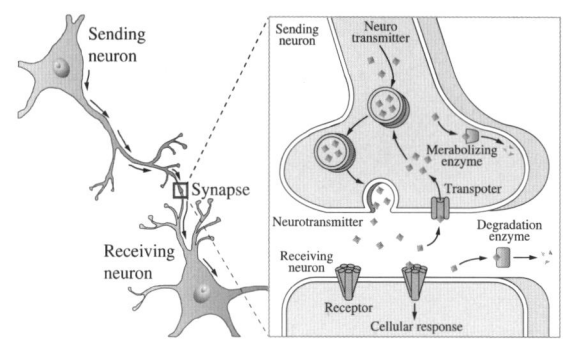

┃ Generic Neurotransmitter system

---

2) 뇌 가소성(neuroplasticity) : 뇌의 신경회로가 외부의 자극, 경험, 학습에 의해 구조적·기능적으로 변화하고 재조직화되는 현상

흔히 '우리 아이가 머리가 좋다'고 하면 '공부를 잘한다'는 것을 떠올립니다. 암기력이 좋거나 어려운 수학문제를 척척 푸는 아이, 한마디로 성적이 좋은 아이라고 단정하곤 합니다. 하지만 암기력이나 계산능력, 또 시험을 잘 치르는 능력 등은 그저 많고 많은 뇌 기능 중 극히 일부일 뿐입니다.

또한 뉴런과 뉴런을 연결하는 시냅스의 생성이 많으면 무조건 머리가 좋다고 생각하는 사람들도 있습니다. 시냅스의 생성이 많을수록 신경회로가 많아져서 정보를 보다 정확히 전달할 수 있으며, 사용하지 않는 뇌 기능은 가지치기를 통해 시냅스의 수가 줄어들기 때문에 가지치기 당하기 전에 더욱더 부지런히 자녀들에게 풍부한 자극과 경험을 제공할 수 있는 양질의 교육에 열중해야 한다고 말합니다. 하지만 이것은 반은 맞고 반은 틀린 이야기라고 할 수 있습니다. 물론 아이들의 뇌세포는 수많은 경험과 반복을 통해 시냅스를 형성하고 강화합니다. 그렇다고 무조건 시냅스가 더 많다고 해서 그만큼 더 똑똑하다고 말할 수는 없습니다. 일례로 마틴-벨 증후군(Martin-Bell syndrome)은 정신지체와 학습장애를 일으키는 취약X염색체 증후군으로, 시냅스가 지나치게 많아 그것이 얽히고 꼬이면서 혼란을 일으키는 질환입니다. 서랍 속에 너무 많은 물건이 들어 있어 물건을 꺼낼 때마다 불필요한 동작과 시간을 소비해야 한다면 참으로 불편할 것입니다. 사용하지 않는 물건들은 과감히 치워버리는 것이 꼭 필요한 물건들을 빨리 찾고 꺼내 활용하기에 훨씬 효율적이듯 이 시냅스의 가지치기도 뇌 발달에 있어서는 시냅스의 형성만큼이나 중요한 핵심 과정입니다.

시냅스의 증가는 생후 8개월부터 2~3세 즈음에 절정을 이루는데, 어린아이는 어른에 비해 거의 두 배나 많은 시냅스를 형성합니다. 그러나 3세까지 급증하던 시냅스의 밀도는 3~5세를 정점으로 점차 낮아집니다. 이런 점에서 볼 때 아이의 뇌는 필요한 양보다 훨씬 더 많은 시냅스를 만들어서 위험에 대비하고, 성장하면서 가장 뛰어나고 강한 시냅스만을 남기는 가지치기를 하는 것입니다. 이는 타고난 것과 주어진 것을 조합하며 각 개인마다 좋아하는 것, 잘하는 것, 중요한 것에 대한 '선택과 집중'을 통해 전문화되고 최적화를 이뤄가는 자연스럽고 정상적인 뇌 성숙과정의 필수 조건입니다.

03

머리가 좋다는 것은?

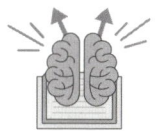

    그렇다면 머리가 좋다는 것은 어떤 의미일까요? 수렵을 하던 원시시대에는 사냥 잘하는 사람을 머리가 좋은 사람으로 여겼습니다. 사냥을 잘하기 위해서는 사냥할 동물의 특성을 정확히 파악할 수 있는 능력이 있어야 하고, 계절이나 날씨, 장소 등의 다양한 변수를 고려할 수 있는 풍부한 지식과 경험이 있어야 하기 때문입니다. 게다가 덩치가 산만 한 동물을 사냥하는 날에는 혼자가 아닌 다른 사람들과의 협력도 꼭 필요했을 것이므로, 다른 사람을 이해하고 상대방을 설득할 만한 능력을 겸비하지 못했다면, 예나 지금이나 먹고 살기 힘든 것은 마찬가지였을 것입니다.

자, 그럼 옛날이야기는 이쯤하고 4차 산업시대를 맞이한 현대 사회에서는 어떨까요? 얼마 전 미국 최대 유통업체인 월마트가 지난 5년간 근속했던 여러 로봇에 '해고' 통보를 했다는 웃픈 기사를 읽은 적이 있습니다. 2016년부터 매장 청소 및 재고 정리를 담당했던 계약직 로봇들이 하루아침에 실업자가 된 셈입니다. 로봇이 단순작업을 대신 처리해 주면 직원들의 작업능률이 훨씬 더 높아질 것이라는 기대와는 달리 고장이나 오작동에 대한 로봇 뒤치다꺼리를 하느라 직원들이 꽤나 골치를 썩었나 봅니다. 이 기사를 보면서 2017년 인공지능 최초로 사우디 정부로부터 시민권을 부여받아 화제가 되었던 휴머노이드 로봇 '소피아'가 생각이 났습니다. 휴머노이드(인간형) 로봇은 사람처럼 두 발로 걷고 두 손으로 일하며, 인간과 상호작용을 하면서 발전하는 로봇이라고 하여 신세계를 맞이하는 듯한 기대감과 동시에 한편으로는 머지 않은 미래에 일자리를 로봇과 경쟁해야 할지도 모른다는 두려움과 경계심을 가지고, 연일 소피아의 기사를 좇아 읽었던 기억이 있습니다.

인간의 옷을 입고 인간의 대화를 사용하며 능숙하게 인터뷰를 하는 소피아의 모습이 참 신기하기는 했지만, 쭈뼛쭈뼛한 몸동작은 고작 두 돌배기 아이의 움직임보다 못한 수준이었습니다. 물론 지금도 하루가 다르게 발전하고 있는 휴머노이드 로봇 기술은 동작의 민첩성이나 조작능력의 한계를 빠른 시일 내에 극복하리라고 예상합니다. 그럼에도 불구하고 중요한 것은 로봇들은 환경이 바뀌면 어려움을 겪는다는 것입니다. 자율주행차는 입력된 도로가 아니면 운전하는 것에 어려움이 있습니다. 또한 체조경기 심판을 로봇에게 맡기게 된다면 편파판정하는 일은 줄어들겠지만, 매뉴얼에 없는 듣지도 보지도 못한 새로운 동작 앞에서는 엉뚱한 판독을 내리기도 합니다.

이처럼 우리가 살고 있는 현실 세계는 고정되어 있는 것이 아니라 끊임없이 변하기 때문에 로봇에게는 어렵습니다. 이것이야말로 인간과 로봇의 극명한 차이입니다.

인간의 뇌는 '생존'이라는 분명한 목표를 지니고 있습니다. 로봇이 해고를 당하고 시민권을 받는 세상이 왔을지라도, 인간의 뇌는 예나 지금이나 고정되어 있지 않고, 끊임없이 변하는 현실 세계에서 그 어떤 환경 속에서도 적응하며 살아남아야 한다는 크나큰 과제를 품고 있습니다.

이러한 이유로 많은 학자들이 머리가 좋다는 것은 '환경적응력이 좋은 것'이라 정의합니다. 인류는 새로운 환경에 처했을 때 각각의 기능을 적절히 통합하고 조화롭게 활용해 새로운 환경에 발 빠르게 또한 수월하게 적응하는 능력을 갖춘 자들이 앞서갈 수 있었기 때문입니다. 빠르게 변하는 세상은 늘 선택과 실전의 연속입니다. 그렇기 때문에 단지 학교 성적만이 아닌, 주어진 환경에 기민하게 적응하고, 낯선 과제에 대한 문제해결능력이 뛰어난 아이, 도움이 필요할 때 협력을 구할 수 있는 아이, 수시로 변하는 환경 속에서 그때마다 새롭게 시냅스의 연결과 강화를 효율적으로 이룰 수 있는 아이야말로 뇌 과학의 관점에서 바라보는 '머리가 좋은 아이'라 말할 수 있습니다.

04
학부모가 꼭 알아야 할
우리 아이 뇌 구조

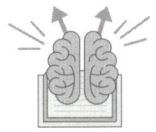

대부분의 부모들은 자녀를 어떻게 양육해야 하는지 배운 적이 없습니다. 특히 아이의 뇌 발달에 관한 것은 더욱 그러합니다. 뇌의 기본 구조는 어떠한지, 또 각 구조별로 어떤 특징이 있는지, 뇌는 각 부위별로 어떤 기능을 하는지, 아이들의 뇌는 언제 어떤 식으로 발달하는지, 발달하는 아이의 뇌에 치명적인 요소가 있다면 무엇인지, 학습에 유리한 뇌를 만드는 조건이 있는지, 성적이 좋지 않은 아이는 무엇이 문제인지, 각 시기별로 미완성의 뇌를 완성시키기 위해 부모로서 어떤 도움을 줘야 할지 제대로 배운 적이 없습니다. 그래서 지금부터는 성장하는 아이들의 뇌에 대한 궁금증을 하나씩 풀어가려 합니다. 그러기 위해서는 잠시나마 아이들의 뇌에 대해 좀 더 알아봐야겠습니다.

뇌는 하나의 덩어리로 보이지만 그 구조와 활동은 상하, 전후, 좌우로 나누어 생각할 수 있습니다. 먼저 뇌간과 변연계, 대뇌피질의 상하 구분, 다음으로 대뇌피질의 전두엽과 두정엽, 측두엽, 후두엽의 전후 구분, 마지막으로 왼쪽 뇌와 오른쪽 뇌라는 좌우 구분으로 나누어 볼 수 있습니다. 뇌의 활동이나 특성을 단순히 좌뇌형, 우뇌형으로 이분화하기보다 이렇게 다양하게 구분한 후에 각 부분의 정보를 제대로 통합하면, 아이들의 뇌를 보다 잘 이해할 수 있을 것입니다.

▌ 세 가지 구조로 나누어 본 뇌(상하, 전후, 좌우)

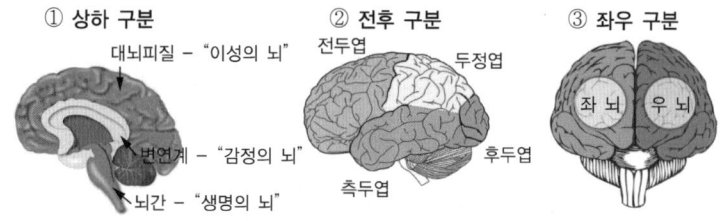

그럼, 뇌의 상하 구조부터 살펴볼까요?

뇌의 상하 구조

폴 맥린에 의하면 인간의 뇌는 뇌간, 변연계, 대뇌피질 세 개의 뇌가 3층 구조를 이루고 있으며, 가장 아래 위치한 1층 뇌-뇌간(brain stem)은 파충류의 뇌, 2층 뇌-변연계(Limbic system)는 포유류의 뇌, 3층 뇌-대뇌피질(cerebrum cortex)은 인간의 뇌로 구분하였습니다.[3]

▍Paul D. MacLean's Triune Brain

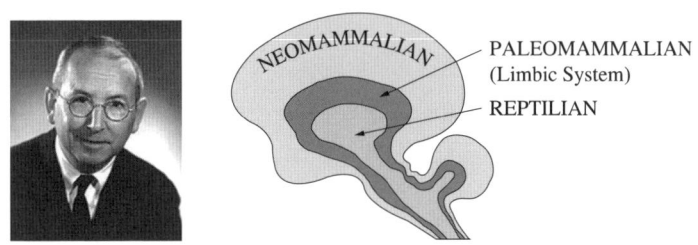

1층 뇌 뇌간(파충류의 뇌)

맨 아래 위치한 1층 뇌 뇌간(뇌줄기)은 가장 오래된 뇌로 생명의 뇌, 본능의 뇌, 파충류의 뇌라고도 불립니다. 뇌간은 아이들이 태어날 때 거의 완성된 상태로 태어나며, 호흡과 맥박, 혈압 조절이나 체온 유지 등 생존과 본능을 위해 자율적으로 일합니다.

---

3) 미국의 신경과학자이자 의사 폴 맥린(Paul D. MacLean's) : 진화학적 관점에서 본 인간의 뇌 구조

'파충류의 뇌'라고 불리는 1층 뇌 '뇌간'을 좀 더 쉽게 이해하려면, 뱀이나 도마뱀 같은 파충류를 떠올려 보면 좋습니다. 대체로 이런 파충류는 활발한 움직임이 없고 오랜 시간을 수면 상태로 지냅니다. 파충류의 뇌는 생명을 유지하기 위한 기본적인 기능은 갖추고 있지만, 다른 동물이나 인간처럼 삶을 보다 풍요롭게 하는 기능은 갖추지 못했기 때문입니다.

그런데 갓 태어난 아기를 보면 파충류와 비슷한 부분이 많습니다. 아기가 태어났을 때는 2층 뇌 변연계와 3층 뇌 대뇌피질이 뇌 안에 존재하기는 하지만 아직 다 발달하지 않은 상태입니다. 그래서 신생아는 파충류와 비슷하게 많이 움직이지도 않고, 그저 먹고 자는 것을 반복하며 생명유지에 있어 꼭 필요한 활동만 합니다.

무엇보다 '생명의 뇌'라고 불리는 뇌간을 다치면 큰일납니다. 사람들이 중요한 물건을 보관할 때 깊숙한 곳에 꽁꽁 싸매서 보관하는 것처럼, 뇌간 역시 생명을 담당하는 중요한 부위이기 때문에 우리 뇌에서 위치적으로 가장 안쪽 깊숙한 곳에 자리하고 있으며, 만약에 뇌간을 다쳐서 뇌간의 기능이 정지하게 되면 '뇌사'

상태에 빠지게 됩니다. 이처럼 뇌간의 역할은 생명과 직결되기 때문에 사람이 잠을 자든, 깨어 있든, 꿈을 꾸든, 하루 종일 쉬지 않고, 생명유지를 위해 스스로 일합니다. 즉, 대뇌피질의 명령 없이 자율적으로 작동하는 부위입니다. 따라서 뇌간은 인간의 노력과 의지로 계발하고 발전시킬 수 있는 뇌는 아닙니다.

2층 뇌 변연계(포유류의 뇌)

2층 뇌인 '변연계'는 기억과 감정, 호르몬을 조절하며, '감정의 뇌', '포유류의 뇌'라고도 불립니다. 변연계에는 단기기억을 장기기억으로 전환하는 해마, 감정을 다루는 편도체, 호르몬 조절부인 시상하부와 의욕을 담당하는 측좌핵 등이 속해 있습니다.

포유류의 뇌인 '변연계'는 파충류의 뇌인 '뇌간'보다 좀 더 발달됐습니다. '포유류의 뇌'에는 해마와 편도체가 있어서 파충류와는 달리 학습과 기억기능을 갖추게 되었는데, 만약에 변연계가 손상되면 학습과 기억기능이 사라지면서 포유류도 파충류와 비슷한 행동을 하게 됩니다.

무엇보다 포유류는 어미가 새끼를 낳고 품어 기르며 접촉, 즉 '스킨십'을 합니다. 앞서 파충류의 탄생은 뱀이 알을 툭 까고 나온 후 사방으로 흩어지면 그만입니다. 하지만 표유류는 태어나자마자 어미 품에 안겨 젖을 먹는데, 이것은 단지 배를 채우기 위한 것만이 아니라, '접촉'을 하기 위한 것입니다. 포유류의 새끼는 '접촉'이 있어야 생존할 수 있기 때문입니다. 사람도 포유류이기 때문에 아이에게는 스킨십이 꼭 필요합니다. 아이에게 있어 양육자와의 스킨십은 단지 정서나 발육만을 위해서가 아니라 포유류인 사람의 아이가 '생존'하는 데 있어 절대적으로 꼭 필요한 자극인 것입니다.

포유류의 뇌가 가진 또 다른 특징은 바로 '감정'을 가지고 있다는 것입니다. 뱀이나 도마뱀 같은 파충류와는 달리 강아지나 고양이 같은 포유동물이 감정표현을 잘하는 것은 감정의 뇌인 '변연계'가 발달했기 때문이며, 이러한 이유로 반려동물은 감정이 없는 파충류보다 포유류가 훨씬 적합하다고 볼 수 있습니다. 만약 우리 사람들도 감정의 뇌인 '변연계'의 발달이 없었다면, 다른 동물들처럼 먹고 싶은 음식을 보면 흥분하거나 침을 흘리고, 무서운 것을 보면 바짝 긴장하며 얼어붙어버리는 정도의 기능을 하며 살았을 것입니다. 하지만 사람은 파충류의 뇌보다 한층 더 발달된 포유류의 뇌를 통해서 희노애락을 느끼며 다양한 감정반응을 할 수 있습니다.

이뿐만 아니라 변연계는 '감정의 뇌'라고 불리지만 이성적인 사고와 결정, 학습에도 영향을 미칩니다. 그래서 많은 학자들이 아이가 공부를 잘하려면 감정의 뇌인 변연계가 편안해야 한다고 말합니다. 이 부분에 대해서는 2장 '뇌와 정서'에서 자세히 살펴보도록 하겠습니다.

3층 뇌 대뇌피질(인간의 뇌)

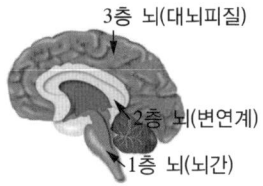

가장 위층인 3층 뇌, 대뇌피질로 올라가 볼까요? 대뇌피질은 가장 나중에 발달된 뇌이며, 세 개의 뇌 중에서 가장 윗부분에 위치하고 있습니다. 생각해 보면 인간은 사자나 호랑이처럼 날카로운 이빨을 가지고 있지도 않고, 개나 고양이처럼 뛰어난 청각과 후각을 가지고 있지도 않습니다. 또한 새처럼 하늘을 훨훨 날 수도 없고, 치타처럼 빠르지도 못합니다. 그럼에도 불구하고 인간이 만물의 영장이 된 이유는 바로 이 대뇌피질 덕분입니다.

인간을 인갑답게 해 주는 대뇌피질의 발달로 인해 사람들은 학습을 하고 전략을 세우며, 언어와 도구를 사용하는 등 다른 동물들과 달리 고차원적인 기능을 수행하는 존재가 되었습니다. 그렇다고 해서 대뇌피질이 다른 동물에게는 없고, 오직 인간에게만 존재한다는 것은 아닙니다. 다른 포유류에도 대뇌피질이 있지만 인간의 대뇌피질이 훨씬 두껍고 잘 발달되어 있습니다. 무엇보다 일찍 발달하는 1층 뇌 뇌간과 2층 뇌 변연계와는 달리, 3층 뇌인 대뇌피질은 비교적 유전의 영향을 적게 받고, 환경의 영향을 많이 받는 부위입니다. 아이의 머리가 좋아지려면 대뇌피질이 고루 발달해야 하는데, 뇌 발달에는 아주 단순한 원리가 있습니다. 바로 1층 뇌인 뇌간이 안정적일 때 2층 뇌인 변연계가 잘 발달하고, 2층 뇌인 변연계가 안정적일 때 3층 뇌인 대뇌피질이 잘 발달할 수 있다는 것입니다.

> 엄마의 뇌 상식

📖 **뇌사와 식물인간은 다르다.**

간혹 뇌사와 식물인간을 혼동하는 경우가 있다. 식물인간은 대뇌에 심각한 손상을 입었지만, 뇌간은 손상되지 않은 상태이다.

따라서 의식은 없지만, '생명의 뇌'인 뇌간을 다치지 않았기 때문에, 인공호흡기가 없어도 자발적으로 호흡할 수 있고, 가끔씩 눈을 깜박이거나 신음소리를 내기도 한다. 또 수개월이나 수년 뒤에 기적적으로 깨어나는 경우도 있기 때문에 식물인간은 장기기증 대상이 될 수 없다.

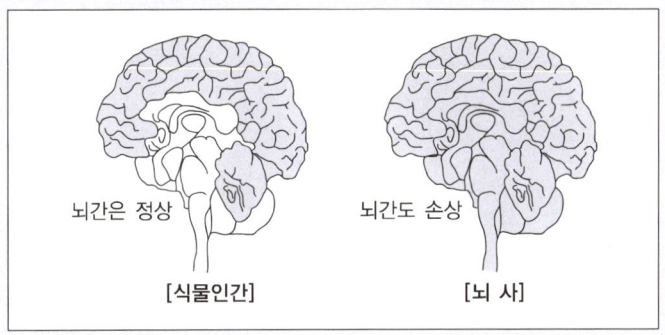

반면에 뇌사는 뇌간을 포함한 모든 뇌 기능이 정지한 상태, 즉 뇌가 영원히 기능을 상실한 상태를 말한다.

뇌사 상태가 되면 호흡, 혈압, 맥박, 체온의 네 가지 생명 기능을 인공 심폐기로 유지하게 되지만, 결국 수일~수주 내에 심장이 완전히 멈추고 사망에 이른다. 이러한 차이로 뇌사는 죽음으로 인정되며 장기이식이 허용되고 있다.

뇌의 전후 구조

뇌의 전후 구조는 대뇌피질 표면에 있는 깊은 홈(중심구, 외측열)을 중심으로 대뇌피질을 네 개의 엽으로 분류하는데, 표면상의 위치에 따라 전두엽, 두정엽, 측두엽, 후두엽으로 나뉩니다.

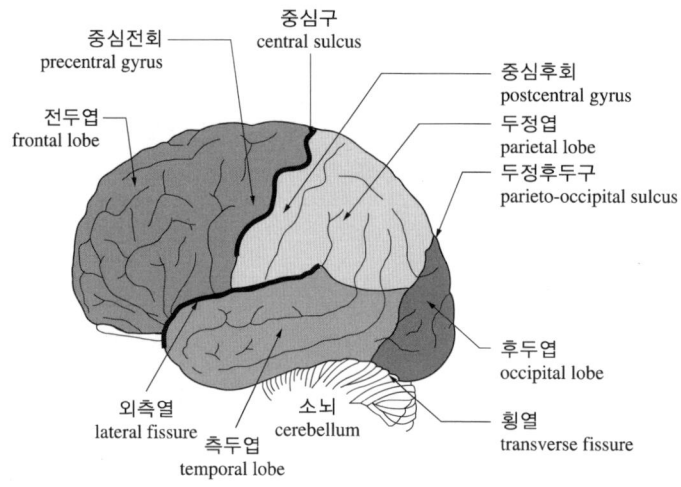

전두엽

대뇌피질에서 가장 넓은 부위를 차지하는 전두엽은 인성, 성격, 자아 등 인간의 의식작용을 담당합니다. 전두엽에서도 가장 앞부분에 위치한 '전전두엽'은 인간의 '사고'를 담당하는 부위로, 추리나 유추, 판단과 같은 높은 수준의 정신활동과 몸의 움직임을 조절합니다.

미국의 신경생리학자 엘크호논 골드버그(Elkhonon Goldberg)는 전전두엽을 '뇌의 CEO'라고 칭했을 만큼 우리 뇌에서 가장 중요한 역할을 담당하며, 의사소통이나 문제해결, 계획 및 성찰, 충동 억제 등의 고차원적인 역할을 수행합니다. 사람이 스스로의 힘으로 삶의 목표와 꿈을 이룰 수 있으려면, 우리 뇌에서 가장 고차원적인 기능을 담당하는 전두엽의 성숙과 안정이 필요합니다. 아기 때부터 서서히 발달하는 전두엽은 5~6세부터 급격히 발달하기 시작하는데, 사춘기를 지나고 성인기 초기까지 계속적으로 발달하며, 대략적으로 25세 즈음에 안정적으로 성숙됩니다.

측두엽

측두엽은 양쪽 귀 가장 가까운 곳에 위치하며, 7세 정도부터 초등학교 시기 내내 지속적으로 발달합니다. 측두엽은 소리를 듣고, 언어를 이해하며, 청각 자극과 다양한 오감 자극을 통합하는 역할을 합니다. 또 변연계의 해마와 함께 기억을 합리적으로 조절하는 역할도 수행합니다. 만약에 측두엽이 손상되면 외부의 소리를 잘 듣지 못하거나, 들을 수는 있어도 의미 파악을 제대로 하지 못할 수 있으며, 조리 있게 말하는 데 어려움을 겪게 됩니다. 아이들이 초등학생이 되면 측두엽의 발달로 인해 문법적으로 완성된 말을 하고, 복잡하고 어려운 문장도 잘 이해할 수 있게 되기 때문에 다양한 배경지식을 쌓고 어휘력을 늘릴 수 있도록 풍부한 독서와 다양한 독후활동이 이루어져야 합니다.

측두엽이 안정적으로 기능을 하게 되면, 다른 사람과 정확한 의사소통을 할 수 있고, 타인의 감정 또한 잘 헤아릴 수 있습니다.

두정엽

전두엽의 바로 뒤, 대뇌의 맨 윗부분에 위치한 두정엽은 전두엽, 측두엽, 후두엽으로 둘러싸여 있기 때문에 각 영역과 복잡하게 연결되어 인체가 인지한 다양한 정보를 서로 연결하고 처리하는 역할을 합니다. 특히 귀를 통해 들어온 소리정보, 눈을 통해 들어온 시각정보 등을 결합해 공간 감각을 구성하고, 계산이나 수학적 사고, 추리 능력 등 상당히 높은 수준의 정보를 처리합니다. 또 두정엽의 앞부분에 위치한 체감각피질 영역은 피부의 촉각과 통각, 온도나 압력 등에 대한 정보를 받아들입니다.

보통 초등학교 4학년쯤 되면 아이들의 뇌에서 두정엽이 급격한 발달을 이룹니다. 그래서 초등학교 고학년이 되면 대부분의 아이들이 어려운 과학 원리나 수학 개념들을 이전보다 원활하게 이해하고 잘 학습할 수 있게 됩니다.

후두엽

후두엽은 뇌의 뒷부분에 위치하는 가장 좁은 영역이지만, 시각과 공간 기억력을 주관하는 중요한 역할을 수행하며 12세쯤부터 본격적으로 발달합니다. 후두엽의 발달로 인해 시각 기능이 발달한 아이들은 외모나 유행 등 겉으로 보여지는 것에 민감하게 반응합니다. 십대들이 헤어스타일과 패션에 많은 신경을 쓰고, 친구를 사귈 때도 외모를 우선시하고, 화려한 연예인이나 스포츠 스타에 열광하는 것도 후두엽의 발달과 관련이 깊습니다. 후두엽의 발달은 학습에 있어서도 많은 장점이 있습니다. 많은 내용을 한 장의 도표나 그림으로 파악할 수 있는 시각적 이해력이 높아지기 때문에 그래프를 사용하거나 마인드맵, 체계적인 필기법 등 자신만의 공부법을 활용한다면 보다 효율적인 학습을 할 수 있습니다.

엄마의 뇌 상식

📖 **왜 젊은 사람들의 자동차 보험이 비쌀까?**

자동차 보험료를 책정하는 기준은 전두엽의 발달과 관련이 깊다.

종합적인 사고능력과 합리적인 판단, 충동을 억제하고 조절하는 기능은 전두엽의 주요 기능이기 때문이다.

이는 운전자에게도 꼭 필요한 기능이기도 하며, 이로 인해 세계 여러 나라의 자동차 보험회사는 전두엽이 성숙해지는 25세를 기준으로 자동차 보험료를 책정하게 되었다고 한다.

뇌의 좌우 구조

뇌의 좌우 구조는 왼쪽과 오른쪽 두 개의 반구, 즉 우리가 익히 잘 알고 있는 좌뇌와 우뇌입니다. 좌뇌와 우뇌는 '뇌량'이라는 커다란 신경섬유다발을 통해 연결되어 있으며, 뇌량은 좌뇌와 우뇌에서 처리된 정보를 통합하는 중요한 역할을 합니다. 잘 알려져 있듯이 좌뇌와 우뇌는 각각 기능이 전문화되어 있는데, 좌뇌는 논리, 언어, 수리, 분석, 순차적 정보처리 등에 전문화되어 있고, 우뇌는 이미지, 직관, 정서, 리듬감, 통합적 정보처리 등에 전문화되어 있습니다. 하지만 좌뇌와 우뇌의 기능 분화에 대한 해석은 지나치게 이분법적인 정보들이 난무합니다.

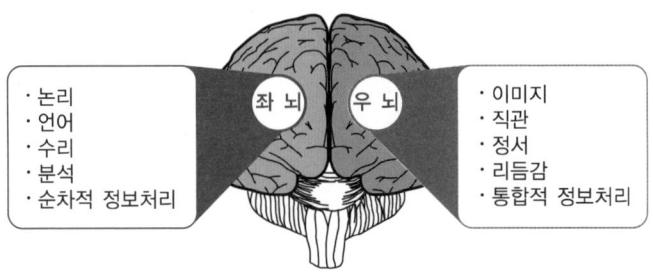

좌·우뇌의 기능이 다르다는 것은 미국의 신경생물학자 로저 스페리(Roger Sperry)의 연구를 통해 밝혀졌습니다. 그는 뇌량 절제술을 받은 간질 환자에게 나타난 특이현상의 원인을 찾고자 몇 가지 실험을 하였는데, 환자의 오른쪽 눈에 어떤 사물을 보여 주고 무엇인지 물었을 때는 환자가 그 사물을 정확히 말했지만, 왼쪽 눈에 사물을 보여 주고 물었을 때는 대답을 하지 못했습니

다. 이는 좌뇌와 우뇌를 연결하는 뇌량을 절제함으로써 언어를 담당하는 좌뇌의 정보가 우뇌로 전달되지 못했기 때문이었는데, 이러한 여러 형태의 실험을 통해 좌뇌는 언어나 수리에 전문화되었고, 우뇌는 이미지나 직관에 전문화되었다는 결론을 얻었습니다.

이후 일부 교육현장에서 그의 연구 결과를 자의적으로 해석하여 맞춤식 두뇌 개발이라는 명목으로 다양한 사교육 프로그램들이 등장했습니다. 그러나 스페리의 연구를 교육현장에 그대로 적용하는 것은 다음과 같은 몇 가지 한계가 있습니다.

첫째, 스페리가 연구대상으로 삼았던 사람들은 일반인이 아니라 뇌량을 절제한 사람들이거나 뇌 손상을 입은 사람들이었다는 점입니다. 즉, 일부 무문별한 두뇌 계발 프로그램에서 제시하는 맞춤식 두뇌 교육의 근거가 대부분 뇌 손상을 가진 사람을 대상으로 한 연구 결과를 일반화한 것입니다. 하지만 일반인의 경우 대부분 뇌량이 정상적으로 기능을 하기 때문에 좌뇌와 우뇌가 서로 상호작용을 하며 원활하게 정보를 통합할 수 있습니다.

둘째, 우리 뇌는 어떤 자극이 주어졌을 때 뇌의 어느 한 부위만 활성화되는 것이 아닙니다. 즉, 언어 자극을 받았을 때 좌뇌만 활성화되는 것이 아니라 뇌의 여러 부위가 동시에 활성화됩니다. 이는 음악 자극을 받았을 때도 마찬가지입니다. 우뇌만 활성화되는 것이라 뇌량의 역할로 인해 정보처리에 필요한 뇌의 여러 부위가 동시에 활성화됩니다.

물론 일반인들을 대상으로 한 실험에서도 특정 자극에 따라 좌뇌 혹은 우뇌의 특정 부위가 다른 부위보다 더 활성화되었던 것으로 미루어 보면, 좌뇌와 우뇌의 기능이 각각 전문화되어 있다는 것은 틀림없는 사실입니다. 그러나 자녀교육을 할 때 보다 더 중요한 것은 좌, 우뇌의 기능을 지나치게 이분법적으로 분리하여 접근하기보다는, 분업도 잘하고 협업도 잘하는 우리 뇌의 특성을 이해하여 균형 잡힌 교육을 해야 한다는 것이 더욱 중요한 점입니다.

05

공부는 호르몬이 한다.

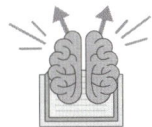

최근 뇌과학의 발전으로 인해 오랫동안 신비의 영역이었던 뇌의 여러 기능들이 상당히 구체적으로 밝혀지고 있습니다. 의욕이나 집중력, 학습능력이나 효율적인 업무는 뇌의 어느 부분이 관여하는지 또 그러한 기능을 높이려면 어떻게 해야 하는지가 구체적으로 알려지게 된 배경에는 '뇌 속의 호르몬'으로 일컬어지는 신경전달물질의 역할을 빼놓을 수가 없습니다. 지금까지 밝혀진 신경전달물질은 50여 종류가 있는데, 이 중에서 학습에 관여하는 신경전달물질은 도파민과 세로토닌, 노르에피네프린(노르아드레날린) 등이 대표적입니다.

아이의 뇌를 바꾸는 것은 어렵지만 신경전달물질은 음식 섭취나 햇빛, 수면과 긴장도, 교육방식이나 생활습관에 따라 수시로 변하기 때문에 부모가 신경전달물질을 잘 알고 관리하는 것이 중요합니다.

▌도파민 신경망

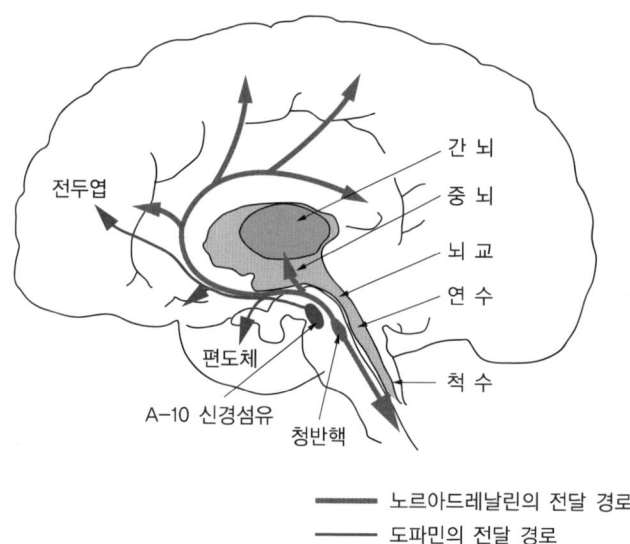

도파민

중뇌의 복측피개영역(VTA ; Ventral Tegmental Area)에 있는 A-10 신경섬유 말단부에서 분비되는 도파민은 뇌를 기쁘게 하여 의욕과 열정을 갖게 하는 신경전달물질로서 무언가 도전할 만한 새롭고 즐거운 자극이 주어질 때 분비됩니다. 또한 불필요한 자극을 걸러 내고 원하는 목표와 관련된 자극에만 집중할 수 있도록 도와주기 때문에 아이들의 뇌에서 도파민의 분비가 활발해지면 집중력과 기억력이 높아지고, 학습에 대한 탐구력과 창의력을 발휘할 수 있는 상태가 됩니다.

도파민의 분비가 가장 활발한 순간은 새로운 것에 흥미를 느끼고 도전할 때이며, 특히 전두엽에서 호기심을 느끼고 탐색할 만한 가치가 있다고 판단되는 과제에 몰입할 때 도파민이 가장 활발하게 분비됩니다. 도파민은 목표를 달성했을 때 뿐만 아니라 계획을 세울 때부터 분비되기 때문에 아이가 좋아하는 일을 스스로 계획할 수 있게 함으로써 학습에 대한 동기와 의욕을 높일 수 있습니다. 또한 의욕과 열정의 물질인 도파민은 도전과 성취를 좋아하므로 아이가 좋아하거나 잠재력이 있는 영역에서 현재의 수준보다 약간 높은 단계의 과제를 주어 아이로 하여금 자신의 기량이 향상된 느낌을 받을 수 있도록 해 주세요. 도파민은 향상과 보상을 좋아합니다. 아이들이 어려운 과제를 달성하거나, 발전적인 성과를 이룰 때 의미 있는 적절한 보상을 해 주면, 아이들의 도파민 보상회로가 자극을 받아 더욱더 진취적으로 학습에 참여하게 될 것입니다. 그러나 의욕과 열정의 물질인 도파민은 치명적인 함정을 가지고 있습니다. 아무리 새로운 것이라 할지라도 언젠가는 익숙해지기 마련인데, 도파민은 무언가에 익숙해지는 순간부터 차츰차츰 분비가 감소되기 때문에, 이로 인해 쉽게 기분이 나빠지고 허전함을 느끼게 됩니다. 이는 아이들뿐만 아니라 어른들도 마찬가지이며, 이럴 때 뇌는 또다시 흥분과 쾌감을 느끼기 위해 계속적으로 새로운 쾌감과 강렬한 자극을 찾게 된다는 것이 도파민이 가지고 있는 어두운 이면입니다.

> **도파민은 부족하지도 넘치지도 않아야**
>
> 도파민이 생성되지 않아 부족한 상태에서는 집중력과 의욕이 떨어지고 사고나 의사결정에도 어려움을 겪게 되며, 섬세한 소근육 운동을 하지 못하게 된다.
>
> 도파민 부족은 ADHD, 틱, 파킨슨병을 일으키는 주범으로 꼽히기도 하고, 반면에 도파민 사이클이 지나치게 빨라져 통제불능 상태에 빠지면 '의존증'에 걸리기도 쉽다. 아이들의 경우 스마트폰 중독이나 인터넷 중독이 대표적인 예이며, 어른들의 경우는 알코올 의존증이나 쇼핑 의존증이 흔하게 나타나고 있다.
>
> 도파민 사이클의 폭주가 지속되어 병적인 상태에 이르면 환각이 나타나기도 한다. 도파민은 의욕과 열정, 동기부여의 원천이지만 지나치게 분비될 때 오히려 악영향을 미친다.

노르에피네프린

노르에피네프린(노르아드레날린)은 긴장을 하거나 스트레스를 받을 때 분비됩니다. 노르에피네프린과 에피네프린(아드레날린)은 이름도 비슷하고 하는 일도 비슷하지만, 대체로 에피네프린은 '위험하구나'라고 느껴질 때 분비되고, 노르에피네프린은 '싸워야겠구나'라고 느껴질 때 분비됩니다.

사람들이 긴장을 하거나 스트레스를 받으면 순간적으로 뇌가 맑아지고 집중력이 높아지는데, 한마디로 노르에피네프린이 분비되어 정신이 번쩍 드는 상태가 되는 것입니다. 또한 위험에 처했을 때 평소보다 더 큰 힘을 낼 수 있는 것도 노르에피네프린의 효과입니다. 예를 들어 아이 앞에 갑자기 장롱이 쓰러졌을 때 순간적으로 엄마가 장롱을 번쩍 들어 올렸다면, 이 역시 노르에피네프린 덕분이라 할 수 있습니다. 이처럼 노르에피네프린은 힘든 일에 맞서 분투할 때 우리 뇌와 전신의 교감신경에서 분비되어 신체의 생명력, 정신력, 운동력의 바탕을 이룹니다. 노르에피네프린에 의해 잠에서 깨어 활동하고 노르에피네프린의 분비가 감소되면 다시 잠을 자게 되는 것처럼 적절한 노르에피네프린은 의욕적인 활동을 하도록 하는 중요 물질로 흥분과 각성의 수준을 결정하며, 감정조절 및 우울과도 관련이 깊습니다.

노르에피네프린은 도파민처럼 동기부여의 좋은 재료가 됩니다. 다만, '쾌감'을 추구하는 도파민과, '불쾌감'을 피하려는 노르에피네프린의 특성은 좀 다릅니다. '도파민형 동기부여'는 호기심과 탐험심, 성취에 대한 칭찬과 보상이 원동력이 되는 반면, '노르에피네프린형 동기부여'는 야단 맞기 싫은 마음, 창피 당하기 싫은 마음이 원동력이 된다는 점에서 차이가 있습니다.

이런 점에서 볼 때 약간의 긴장과 스트레스는 오히려 아이들의 학습이나 어른들의 업무성과에 도움을 주는 것이 사실입니다. 하지만 극복할 수 없을 정도의 심한 스트레스는 당연히 위험합니다. 앞서 살펴보았던 도파민과 같이 노르에피네프린도 과다 분비되면 문제가 되는데, 노르에피네프린이 과도하게 분비되었을 때는 학습과 감정조절의 어려움은 물론이고, 심장의 두근거림과 식은땀, 호흡 곤란이 올 수 있으며, 장기적으로는 면역력을 떨어뜨려 질병을 일으킬 수도 있습니다. 그렇다면 도파민과 노르에피네프린이 적절하게 분비되도록 하여 뇌 안에서 순기능을 하게 할 방법은 없을까요? 다행히 신경전달물질을 신경전달물질로 다스릴 수 있는 방법이 있습니다.

세로토닌

'행복 호르몬'으로 잘 알려져 있는 세로토닌은 정서에 깊이 관여하는 신경전달물질입니다. 세로토닌은 마음을 안정시키고 긍정심을 갖게 하며, 수면이나 기억, 식욕을 조절하는 등 건강한 일상을 유지하는 데 있어 생기와 활력을 불어넣어 줍니다.

도파민의 특징이 '경쾌한 각성'이라면 세로토닌의 특징은 '안온한 쾌적감'이라 할 수 있는데, 언뜻 생각하면 비슷해 보이지만, 도파민이 유발하는 격정적인 기쁨과는 달리 세로토닌이 유발하는 감정은 여유롭고 안정적인 행복감이라는 차이가 있습니다.

잘 알려져 있듯이 세로토닌의 부족은 우울증과도 연관이 깊습니다. 세로토닌이 부족하면 감정조절에 어려움을 겪게 되고 무기력해지며 자극이나 통증에 민감해집니다. 때로는 쉽게 폭력적이 되거나 중독에 빠지게 되는 경우도 있습니다.

무엇보다 우리 아이들의 '공부하기 좋은 뇌'를 만들기 위해서는 세로토닌의 역할이 중요합니다. 도파민이나 노르에피네프린이 '흥분계 뇌 내 물질'이라고 하면, 세로토닌은 뇌 내 물질의 균형을 이루는 '조절물질'이기 때문에, 세로토닌이 공격성을 나타내는 노르에피네프린과 쾌락을 추구하는 도파민의 과잉 분비를 조절하여 공부하기 좋은 최적의 상태를 만들어 줍니다.

그런데 도파민과 노르에피네프린은 너무 많을 때 문제가 생기는 반면, 세로토닌은 너무 적을 때 문제가 생깁니다. 대체로 도파민과 노르에피네프린은 이미 뇌 안에 충분히 존재하는 편이지만, 세로토닌은 필요한 양보다 부족할 때가 많습니다. 세로토닌은 한 번에 소량만 방출되는데, 분비되는 시간도 짧고 효과가 지속되는 시간도 짧기 때문에, 평소 세로토닌 분비를 늘릴 수 있는 생활습관을 갖는 것이 중요합니다.

다행히 세로토닌은 음식을 통해서 부족한 양을 보충할 수 있으며, 붉은 고기, 유제품, 견과류, 바나나, 조개, 현미 등에 세로토닌의 재료가 되는 트립토판이 많이 포함되어 있습니다.

음식을 통해 부족한 세로토닌을 보충하는 것과 동시에 잠을 충분히 자고 적당히 햇볕을 쬐는 것 또한 세로토닌 생성에 도움이 됩니다. 하지만 세로토닌은 도파민과는 다르게 일정수준 이상 과잉 분비되면 반대물질이 나와서 항상성을 유지하려 하기 때문에, 지나치게 잠을 많이 자거나 불필요하게 햇빛을 오래 쬐는 것은 소용이 없습니다.

'세로토닌 연구의 대가'라 불리는 일본의 뇌 신경의학자 아리타 히데호 교수는 도파민은 '쾌감'을 추구하고, 노르에피네프린은 '불쾌감'을 피하고자 하며, 세로토닌은 이 둘을 '조정'하는 역할을 한다고 하여 도파민은 '학습 뇌', 노르에피네프린은 '업무 뇌', 세로토닌은 '공감 뇌'라고 표현했습니다.

이처럼 다양한 특성을 지닌 뇌 내 물질들의 성격을 잘 파악하여 각각의 성격에 맞게 상황에 알맞은 적절한 자극을 유도하도록 하고, 평상시 세로토닌 분비를 늘릴 수 있는 생활습관을 꾸준히 실천할 때, 뇌 안에서 각각의 신경전달물질이 서로서로 균형과 조화를 이루며 최적화를 이룰 것입니다.

한눈에 알아보는 뇌 내 호르몬

	특 징	기분/감정	관련 키워드
도파민	쾌감물질	의욕, 열정, 격정적 기쁨	쾌감, 자기주도, 중독
노르에피네프린	투쟁 vs 도피	각성, 집중, 불안, 스트레스	적정 불안, 업무 뇌, 교감신경
에피네프린	흥분물질	분노, 흥분	교감신경, 스트레스
세로토닌	조절물질	안온함, 평상심, 침착함	행복호르몬, 우울증
멜라토닌	수면물질	회복	숙면, 불면증, 부교감신경
아세틸콜린	기억과 학습	영감	기억력, 치매
엔도르핀	뇌 내 마약	행복, 황홀	웃음, 사랑, 감사

기억력과 집중력을 높이는 아세틸콜린

최초의 신경전달물질로 발견된 아세틸콜린은 부교감신경계의 신경전달물질로서 기억과 학습, 각성 및 집중력을 높이는 데 도움을 준다. 아세틸콜린을 만드는 뇌의 부위는 해마와 시냅스로 연결되어 있어 아세틸콜린이 충분하면 해마의 기능이 활성화되어 기억력이 좋아지지만 아세틸콜린이 부족하면 기억력이 저하된다.

콩이나 두부, 달걀 등에는 아세틸콜린의 전구체인 콜린이 많이 함유되어 있는데, 특히 달걀노른자에 있는 레시틴은 기억력을 높이는 대표적인 음식이다.

사랑과 감사가 넘치는 엔도르핀형 아이

웃을 때 분비되는 것으로 잘 알려진 엔도르핀은 '뇌 내 마약'이라 불릴 만큼 강력한 쾌감을 주는 호르몬이다. 엔도르핀은 단순히 기분만 좋게 해 주는 것이 아니라, 면역력을 높이고 통증과 스트레스를 완화하며, 상상력과 집중력, 기억력을 높이는 역할을 한다.

기분이 좋을 때나 운동을 할 때, 맛있는 음식을 먹을 때 엔도르핀이 분비되는 것은 물론이며, 봉사활동을 하거나 감사함을 느끼는 순간 엔도르핀의 분비는 최고치에 달한다.

사랑과 감사가 넘치는 아이가 공부도 잘하는 이유가 바로 여기에 있다. 다른 사람을 이해하고 돌볼 때 자신의 마음까지 행복해지면서 엔도르핀이 활발히 분비되기 때문이다.

06
뇌 발달의 최적화
(뇌와 잠, 뇌와 영양, 뇌와 운동)

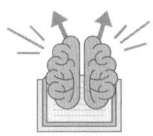

　모든 생명체가 건강하게 잘 자라기 위해서는 기본적으로 꼭 필요한 것들이 있습니다. 길가에 핀 작은 꽃 한 송이조차도 뿌리를 내릴 수 있는 땅과 물, 햇빛이 없으면 꽃을 피울 수 없듯이 아이들의 두뇌도 성장과 발달에 기본적으로 꼭 필요한 것들이 있습니다. 충분한 잠과 고른 영양 섭취, 운동과 휴식 등... 어찌보면 참 소소해 보이기까지 하는 이 기본적인 것들이 왜 그리 중요한 것일까요?

미국의 인본주의 심리학자인 아브라함 매슬로(Abraham Harold Maslow)는 인간의 욕구를 5단계의 피라미드 이론으로 설명했습니다. 매슬로에 의하면 첫 번째 단계는 생리적 욕구의 충족입니다. 잠과 음식, 휴식과 위생 등의 가장 기본적인 욕구가 충족이 되면 두 번째 단계인 안전의 욕구를 추구하게 되고, 안전의 욕구가 충족이 되면 세 번째 단계인 사회적 욕구, 즉 소속이나 애정 등을 추구하게 된다고 했습니다. 사회적 욕구가 충족이 되면 네 번째 단계인 존중의 욕구를 추구하게 되고, 이것이 충족이 되면 비로소 마지막 단계인 자아실현의 욕구를 추구한다는 것입니다. 그러나 매슬로는 그의 생각과 이론이 원숙한 단계에 이른 말년에 이르러 인간 최고의 단계는 '자아실현'의 욕구를 넘어 타인과 세계에 기여하고자 하는 '자기초월'의 욕구를 추가하여 자신의 이론을 정정하기도 했습니다. 어찌 됐건 매슬로의 이론에서 인상적인 것은 하위단계가 먼저 충족이 되어야 상위단계를 추구할 수 있다는 것

▍Abraham Harold Maslow(1908~1970)

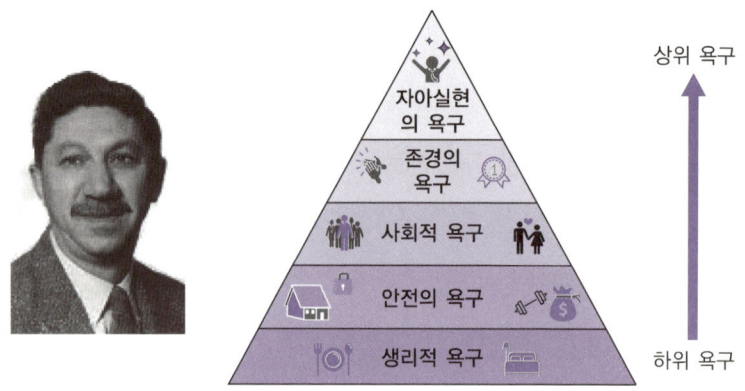

인데, 이 말은 가장 기본적인 생리적 욕구가 충족이 되지 않는다면 안전과 사회성, 존중의 욕구는 물론이고, 자아실현의 단계에 도달하는 것이 어렵다고 이해할 수 있습니다.

매슬로의 욕구이론을 뇌 과학의 관점으로 재해석하면, 생명의 뇌인 1층 뇌가 안정이 되어야 2층 뇌도 잘 발달하고, 2층 뇌가 안정적일 때 비로소 3층 뇌도 잘 발달할 수 있다는 것입니다. 자, 그럼 1층 뇌를 충족시키는 조건부터 알아볼까요?

뇌와 잠

잠을 잘 때 뇌는 아무런 활동 없이 그저 쉬기만 한다고 생각하면 곤란합니다. 뇌는 오로지 포도당만을 에너지로 사용하는데, 잠을 잘 때 포도당이 가장 많이 소비될 만큼 수면 중에도 뇌는 아주 활발한 활동을 합니다.

사람이 잠을 잘 때는 크게 '렘수면(REM ; Rapid Eye Movement)'과 '논렘 수면(Non-REM ; Non-Rapid Eye Movement)'의 두 가지 수면형태가 일정 주기로 반복해서 나타납니다. 렘수면은 주로 '얕은 잠' 또는 '꿈꾸는 잠'으로 많이 알려져 있는데, 정확하게는 잠을 자는 동안 빠른 눈 움직임이 일어나는 단계를 말합니다. 또한 논렘 수면은 눈의 움직임이 없는 '깊은 잠'의 상태입니다. 아이들의 뼈를 성장시키고 근육을 늘리는 역할을 하는 성장호르몬은 낮 동안에도 계속 분비되기는 하지만, 논렘 수면(Non-REM Sleep) 상태에서 즉, 아이들이 깊은 잠에 들었을 때 가장 많이 분비되므로 아이들이 잠을 푹 잘 때 면역강화와 회복, 그리고 신체 발육이 촉진됩니다.

REM 수면	Non-REM 수면
얕은 수면 상태	깊은 수면 상태
뇌 신경망의 연결과 분화	성장호르몬 집중 분비
단기기억 - 장기기억	신체 발육 촉진, 면역강화

▎수면은 논렘과 렘을 반복한다.

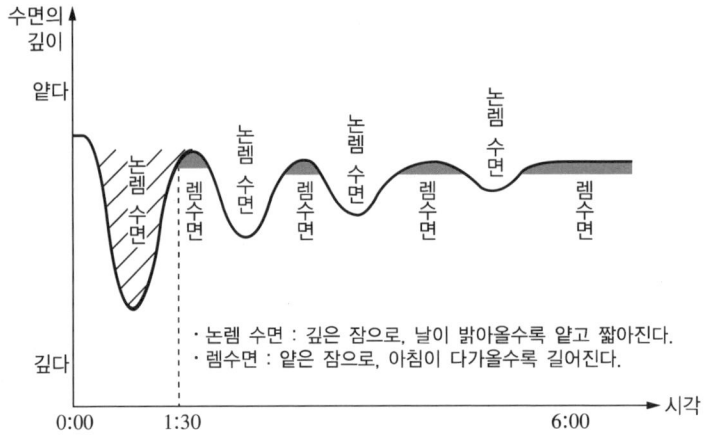

- 논렘 수면 : 깊은 잠으로, 날이 밝아올수록 얕고 짧아진다.
- 렘수면 : 얕은 잠으로, 아침이 다가올수록 길어진다.

깊은 잠인 논렘 수면 상태에서 성장호르몬의 분비가 왕성하고 신체 발육이 촉진된다고 한다면, 렘수면 상태에서는 뇌 신경망의 연결과 분화가 일어나면서 뇌의 활동이 아주 활발하게 이루어집니다. 특히 기억을 담당하는 해마는 낮 동안 들어온 정보를 잠을 자는 동안 요약하고 정리하고 편집하여 '장기기억'으로 전환시키는 중요한 역할을 하는데, 이러한 작업이 바로 렘수면 상태에서 일어납니다. 다시 말하면 아이들이 낮에 학습한 내용을 잠을 자는 동안, 그중에서도 렘수면 상태일 때 '장기기억'으로 전환하는 작업이 일어난다는 것입니다. 물론 학습한 모든 것이 100% 장기기억으로 저장되는 것은 아니며, 해마가 중요하다고 판단하는 정보들만 장기기억으로 전환됩니다. 여기서 중요한 것은 잠이 부족하면 수면 단계 중에서 학습에 기여하는 렘수면의 단계가 가장 먼저 생략된다는 것입니다. 뇌의 관점에서는 '생존'이 가장 중요하기 때문에, 기억을 잘하고 학습을 잘하거나 일을 잘하는 것보다 당장 몸이 아프지 않도록 회복하고 튼튼해지는 것이 훨씬 더 중요하기 때문입니다. 그러므로 아이들이 낮 동안에 많은 것을 학습했다면 렘수면의 단계가 삭제되지 않도록 그날 밤은 더더욱 충분한 수면이 필요합니다.

잠이 부족하면 낮 동안의 학습을 효율적으로 조직화하고 체계화하기가 어려우며, 학습뿐만 아니라 일상에서도 크고 작은 어려움을 겪게 됩니다. 일례로 수면시간이 7시간인 군인은 다음 날 사격 명중률이 97%였고, 6시간을 잔 군인은 50%, 5시간을 잔 군인은 35%, 4시간을 잔 군인의 사격 명중률은 겨우 15%에 불과했습니다.[4] 또 중상자가 발생한 교통사고의 28%는 졸음 운전자에 의해 발생했으며,[5] 체르노빌 원자력발전소와 스리마일섬 원자력발전소의 사고 원인 또한 작업자들이 야간 근무로 인한 수면부족

---

[4] *Change Your Brain, Change Your Grades*, 2019
[5] National Sleep Foundation, 2009

상태에서 제어 패널의 신호를 알아채지 못했기 때문인 것으로 밝혀졌습니다.[6]

이처럼 수면부족은 인지능력이나 업무 수행능력을 저하시키며, 아이들의 정서에도 막대한 영향을 미칩니다. 아이들의 잠이 부족해지면 해마의 기능은 저하되는 반면, 상대적으로 감정을 처리하는 편도체가 활성화되면서, 별일이 아닌데도 예민하게 반응하거나 사소한 자극에도 불안해하고 짜증을 내는 일이 잦아집니다. 그뿐만 아니라 만성적인 수면부족은 성장 지연과 면역력 저하로 인한 감염위험 및 사고위험을 증가시키고, 나아가 수명에도 영향을 미쳐 하룻밤 수면시간이 6시간이 안 되는 사람은 최소한 7~8시간 자는 사람들에 비해 사망률이 70%나 더 높은 것으로 알려져 있습니다.[7]

> **우리 아이 수면 최적화, 어떻게 도와줄까?**
> **1. 뇌의 신체 시계는 빛에 의해 조절된다.**
> 사람의 체내 시계는 약 25시간 주기이므로 지구 시간인 24시간과는 약간의 차이가 있다. 이로 인해 아침 7시가 되어도 체내 시계는 아직 6시이기 때문에 늦잠을 자게 되는 것이다. 그러나 체내 시계는 빛으로 조절할 수 있다. 사람의 뇌에 있는 시교차상핵(Suprachiasmatic nucleus, SCN)은 망막에 들어오는 빛을 통해 인체의 시간을 맞추므로 아이의 방에 아침 해가 잘 들게 하여 아침마다 햇빛을 통해 아이의 체내 시계를 새롭게 세팅하도록 하자.

6) Mitler & Miller, 1995
7) Ikehara et al., 2009. Kryger et al., 1994

2. 늦은 밤 음식 섭취를 제한하라.

잠들기 전 음식 섭취는 아이의 수면을 방해한다. 특히 잠들기 전 탄수화물이 많은 음식을 먹으면 깊은 잠에 들기 어렵다. 복합탄수화물이나 튀긴 음식은 잠을 자는 동안에도 소화기관이 바쁘게 일을 해야 하므로 숙면을 취하기 어렵다.

3. 잠자리를 어둡게 하라.

밤늦게까지 스마트폰을 보거나 전자기기에서 나오는 강한 빛의 자극을 받게 되면, 뇌는 지속적인 흥분상태가 되고 수면유도물질인 멜라토닌의 분비가 저하된다. 멜라토닌은 어두워지면 분비되고 밝아지면 분비가 저하되기 때문에 취침 전 강한 빛의 자극이나 전등 및 전자기기의 불빛은 완전히 차단하는 것이 좋다.

4. 일정하고 규칙적인 수면습관을 유지하자.

아이가 점점 자라면 일정한 취침의식을 지키는 것이 피곤하게 느껴질 수 있다. 그러나 잠들기 전 연령에 맞는 취침의식은 아이가 편안하게 잠드는 데 매우 도움이 된다. 이는 성인의 경우에도 마찬가지이다. 간단한 스트레칭이나 족욕 등을 통해 매일 밤 긴장을 푸는 과정을 거친 후에 잠자리에 들면 더 깊이 잘 수 있다.

5. 부모의 생활리듬이 중요하다.

일본의 소아과 의사인 가미야마 준의 보고에 따르면 부모의 생활이 야행성이면 자녀의 생활 또한 야행성이 된다고 하였다. 아이들의 잠은 부모의 생활리듬에 따라 좌우된다.

뇌와 영양

우리 몸에서 뇌가 소비하는 에너지는 전체 에너지 소비량의 약 20%에 달합니다. 사람의 체중에서 뇌가 차지하는 무게가 고작 2% 정도인 것을 감안한다면, 뇌가 얼마나 많은 에너지를 필요로 하는지 짐작할 수 있습니다. 그러므로 아이의 뇌가 활력 있고 건강하게 활동할 수 있으려면 먼저 충분한 영양 공급이 필요합니다.

뇌와 포도당

뇌는 포도당을 유일한 에너지로 사용하지만, 뇌 스스로 포도당을 생산하거나 저장하는 기능이 없습니다. 포도당을 생산하고 저장하는 기능은 주로 간에서 담당하는데, 매시간 뇌에 에너지를 공급하기 위해 간에서는 글리코겐 상태로 저장해 두었다가 필요할 때마다 포도당으로 분해하여 공급합니다. 문제는 간에서 비축할 수 있는 글리코겐의 양이 제한적이기 때문에 뇌에 포도당을 공급할 수 있는 시간은 12시간 정도입니다. 따라서 아이들의 뇌가 원활하게 활동할 수 있으려면 무엇보다 규칙적인 식사를 통해 적절한 양의 포도당이 늘 제때제때 잘 공급되도록 하는 것이 중요합니다. 포도당은 과일이나 설탕 같은 단 음식뿐만 아니라, 쌀과 보리, 빵이나 면, 고구마 등의 탄수화물에 많이 포함되어 있습니다.

앞서 언급했듯이 뇌는 잠을 자는 동안에도 쉬지 않고 활동하기 때문에 수면 중에도 계속해서 에너지를 소비합니다. 이로 인해 아침에 일어났을 때 뇌의 에너지는 거의 고갈된 상태이므로 반드시 아침식사를 통해 뇌에 포도당을 공급해 주어야 합니다.

아이가 아침식사를 거르게 되면 아이의 뇌는 에너지 부족으로 인해 뇌의 활동이 둔해지면서 주의력과 집중력, 호기심과 끈기 등 학습에 필요한 기본 능력을 발휘하기가 어렵습니다. 아이의 학업과 원활한 두뇌활동을 위해 아침식사를 꼭 챙겨주세요.

뇌와 단백질

우리 뇌 속에는 수많은 신경전달물질이 존재하는데, 어떤 신경전달물질이 어떻게, 얼마나 흐르는지에 따라서 아이들의 학습과 감정 상태, 행동방식이 달라집니다. 이러한 이유로 단백질은 뇌의 활동에 있어 중요한 역할을 합니다. 우리 몸에 섭취된 단백질은 소화 과정을 통해 아미노산으로 분해되어 새로운 신경전달물질을 만들어 내는 역할을 하기 때문입니다. 이러한 신경전달물질을 만들어 내는 20가지의 아미노산 중 10개는 우리 몸에서 생성이 되지만, 나머지 10개는 체내에서 생성이 되지 않거나 또 생성이 되더라도 그 양이 너무 미미해서 따로 음식을 통해 섭취해야 하는데, 이것을 '필수아미노산'이라고 합니다. 필수아미노산은 육류나 생선, 우유, 달걀, 콩, 두부 등에 많이 함유되어 있으며, 아이들에게 질 좋은 단백질을 공급하기 위해서는 동물성, 식물성 단백질을 골고루 공급하는 것이 중요합니다.

뇌와 지방

지방이 뇌에서 중요한 이유는 뇌세포를 만드는 주성분이기도 하며, 신경세포나 축색돌기를 감싸고 있는 막의 주성분이기 때문입니다. 뇌뿐만 아니라 우리 몸에서는 체온을 유지하고 외부 충격으로부터 장기를 보호하는 지방은 크게 포화지방산과 불포화지방산으로 나누어집니다. 포화지방산이란 쉽게 설명하자면 삼겹살의 비계처럼 실온에서 고체상태로 존재하는 기름을 말하며, 불포화지방산은 실온에서도 액체로 존재하고 우리 몸 안에서도 액체상태로 유지되는 기름을 말합니다.

포화지방산은 성인병을 유발하는 것으로 알려져 있어서 대체로 나쁘게 인식되어 있는 부분이 많기는 하지만, 돼지고기나 닭고기 등에서 얻는 고형질의 포화지방은 신진대사를 촉진하고, 피부의 보호막을 형성하는 등 중요한 기능을 담당하고 있습니다. 좋은 지방으로 인식되어 있는 불포화지방산은 잘 알려진 대로 콜레스테롤을 감소시키고 혈관건강을 지켜주는 역할을 하며, 열에 약하기 때문에 쉽게 변성된다는 단점이 있습니다. 그래서 열을 가하는 요리보다는 나물을 무칠 때나 음식에 뿌려 먹는 드레싱으로 사용하고, 약한 불에 살짝 빠르게 볶아 섭취하는 것이 유용합니다. 불포화지방산은 또 다시 필수지방산과 비필수지방산으로 나뉘어지며, 필수지방산에는 대표적으로 오메가-3와 오메가-6 지방산이 있습니다. 뇌의 건강성분으로 잘 알려져 있는 오메가-3는 DHA와 EPA로 구성되어 있으며, 아이들의 뇌 성장발육에 있어 필수적인 역할을 합니다. 잘 알려진 바와 같이 DHA는 뇌의 세포막을 구성하는 성분이면서, 뇌세포가 서로서로 정보전달을 하기 위해 세포마다 하나하나 돌기를 늘려야 할 때, 이 돌기의 수를 늘리고 유지하는데 꼭 필요한 성분으로, 고등어와 꽁치처럼 등푸른 생선류나 견과류에 많이 함유되어 있습니다.

뇌와 비타민

비타민은 우리 몸에서 충분한 양을 생성할 수 없기 때문에 음식을 통해 따로 섭취해 주어야 하는 영양소이며, 수용성 비타민과 지용성 비타민으로 나뉘어집니다. 수용성 비타민인 비타민 B군과 비타민 C는 평소 한꺼번에 많은 양을 섭취하거나 유지하기가 어렵기 때문에 평소에 수시로 섭취하는 것이 중요합니다(수용성 비타민의 경우 많은 양을 섭취하였더라도 필요 이상의 여분은 소변을 통해서 몸 밖으로 배출되기 때문에 지용성 비타민처럼 과다섭취로 인한 부작용은 거의 없습니다). 비타민 B군 중에서도 특히 비타민 B_1은 포도당을 에너지로 바꾸는 데 있어 꼭 필요한 영양소입니다. 아무리 넉넉하게 당질을 섭취했어도 비타민 B_1이 부족하면 결국은 뇌의 연료가 부족한 상태가 될 수 있다는 것입니다. 비타민 B_1은 도정하지 않은 보리나 돼지고기, 팥과 현미, 통밀 등에 많이 포함되어 있습니다. 비타민 C는 뇌의 활동을 원활하게 하며, 뇌의 혈관을 튼튼하게 하고, 스트레스를 완화시키며, 면역과 예방, 항산화 역할을 합니다. 레몬이나 오렌지, 케일 등 신선한 과일과 채소에 많이 포함되어 있습니다.

지용성 비타민 중 비타민 A는 철분을 뇌로 운송하고, 뇌세포의 분화 및 면역에 관여하며, 당근, 호박, 토마토, 달걀 등에 포함되어 있습니다. 칼슘을 흡수하고 유지하는 역할을 하는 비타민 D는 아이들의 뼈 성장과 치아를 튼튼하게 하는 데 있어 꼭 필요한 영양소로서, 기본적으로 햇빛에 의해 피부에서 합성되기 때문에 권장섭취량을 설정하는 것 자체가 쉽지는 않지만, 버섯이나 우유, 연어나 굴 같은 해산물 등에 많이 포함되어 있습니다.

뇌와 칼슘

아이들의 뼈 성장에 있어 꼭 필요한 칼슘은 아이들의 뇌에서도 없어서는 안 될 중요한 영양소입니다. '뇌 내의 신경안정제'라고도 불리는 칼슘은 신경세포 간에 정보가 원활하게 전달되도록 돕는 역할을 하며, 칼슘이 부족할 경우 작은 일에도 예민하고 날카롭게 반응하게 되기 때문에 외부 자극에 매우 민감해집니다. 이로 인해 학습할 때 집중력이 떨어지고, 기억력도 저하됩니다. 유제품, 멸치, 깨, 시금치, 미역 등에 많이 포함되어 있습니다.

뇌와 운동

영국의 과학 전문지 뉴사이언티스트의 보도에 의하면, 좋은 뇌는 수면이나 영양 섭취, 운동과 같은 생활습관에 의해 결정된다고 합니다. 특히 운동은 두뇌 전체를 자극하여 아이들의 뇌 발달을 촉진합니다. 1주일에 3회, 30분가량의 운동만으로도 아이들의 학습능력이 15%나 향상될 수 있으며, 이는 운동을 할 때 증가하는 '뇌유래신경영양인자'인 BDNF(Brain-derived Neurotrophic Factor)가 아이들의 집중력과 기억력을 높여 주기 때문입니다. 뇌 안에서 '기적의 물질'이라 불리는 BDNF는 뇌의 대뇌피질과 해마에서 중점적으로 만들어 내는 단백질로서, 뇌세포를 보호하고 손상된 부위를 회복시키며 뇌세포 사이의 연결을 강화하여 학습과 기억을 원활하게 합니다. 아이들의 뇌가 건강하게 발달하고 활기차게 활동하는 데 운동을 강조하는 이유는 뇌가 BDNF를 만들 수 있는 가장 쉽고 효과적인 방법이 바로 신체활동이기 때문입니다.

동물을 대상으로 한 연구를 살펴보면 동물이 신체활동을 활발하게 하는 즉시 뇌는 BDNF를 생산하기 시작하며, 운동을 멈춘 후에도 몇 시간쯤 BDNF의 생산이 지속되는 것으로 확인되었습니다. 이뿐만 아니라 운동은 아이들의 감정과도 밀접한 관련이 있습니다. 사람이 활발하게 몸을 움직일 수 있으려면 마음이 편안해야 합니다. 누구라도 마음이 힘들 때는 몸을 꼼짝하기 싫어지는데 이는 우울증 환자들의 대표적인 증상이기도 합니다. 또한 몸을 움직이지 않고 가만히 있다 보면 마음도 덩달아 무기력해지고 우울해집니다. 이러한 문제의 근본적인 원인이 몸에서부터 비롯된 것인지, 마음에서부터 비롯된 것인지에 관한 논쟁은 오랫동안 끊임없이 지속되고 있지만, 마치 닭이 먼저냐 달걀이 먼저냐인 것처럼 아직까지도 명확한 답변은 존재하지 않습니다.

다만, 아이들의 경우도 이와 같이 신체활동이 활발한 아이는 불편한 자극이 발생했을 때 이를 적절히 잘 대처하며 극복하는 편이지만, 신체활동이 적은 아이들일수록 사소한 자극에도 쉽게 감정적으로 반응하는 경우가 많다는 것입니다. 그래서 신체활동이 적은 아이들을 대상으로 활동량을 늘려 보았더니, 아이들의 감정 조절능력과 집중력이 크게 향상된 것으로 나타났습니다.

그렇다면 아이들의 뇌 발달에 있어 도움이 되는 운동은 무엇일까요? 모든 운동이 신체 발달과 뇌 발달에 도움을 주지만, 그중에서도 특히 유산소운동이 뇌 건강에 좋다고 알려져 있는 이유는 운동을 통해 뇌로 전달되는 산소의 양이 증가하기 때문입니다. 뇌는 우리 몸에서 산소를 가장 많이 소비하는 기관이기 때문에 혈액을 통해 산소를 원활히 공급받아야 하고, 운동을 통해 심박동수가 빨라지면 뇌로 흐르는 혈류의 양이 증가하면서 뇌로 전달되는 산소의 양이 많아집니다. 아이가 일상에서 쉽게 할 수 있는 유산소운동은 걷기나 자전거 타기, 계단 오르기 등이 있지만, 부쩍 활동량이 줄어든 요즘 아이들은 이마저도 쉽게 할 수 있는 상황이 아니라서 안타깝습니다. 요즘은 아이들이 몸을 많이 움직이지 않아도 될 만큼 모든 생활환경이 잘 갖춰져 있습니다. 자가용을 비롯한 교통수단이 발달하여 걸어 다닐 일이 급격하게 줄었고, 엘리베이터나 에스컬레이터를 이용하기 때문에 계단을 오르내릴 일도 많지 않습니다. 집에서의 생활은 또 어떤가요? 스마트폰이나, 컴퓨터게임, 텔레비전 등을 보는 동안에도 움직일 일이 거의 없습니다. 한동네 아이들이 다함께 모여 온 동네를 뛰어다니며 놀던 예전과는 많이 달라진 모습입니다. 그런데 이렇게 일상에서의 활동량이 줄어들면 뇌의 건강은 물론이고, 아이들의 몸과 마음에 적신호가 켜질 수 있습니다.

한창 파릇파릇 새싹처럼 자라나는 아이들이 조금만 움직여도 금방 피곤하다는 말을 하게 되고 움직이지 않는 것이 아예 습관이 되어버려서 작은 심부름조차 하기 싫어하는 아이들이 많아지고 있습니다. 부모님들 또한 공부하느라 바쁜 아이에게 굳이 심부름을 시키는 일도 없고, 시간 절약을 위해 가까운 학원도 자동차로 태워다 주는 일이 허다합니다. 하지만 '뇌가 좋은 아이'로 키우고 싶다면 몸을 움직이는 시간까지 줄여 가며 공부를 하기보다는 되도록 많이 걷고 많이 뛰어 다니고, 집 안에서도 엉덩이가 가벼운 아이가 되어 자기 몫의 집안일도 맡고, 심부름도 하면서 부지런하고 활발하게 움직일 수 있게 하는 것이 아이를 위한 보다 나은 선택일 수 있습니다.

뇌에 유산소운동이 좋다고 해서 무산소운동은 무의미하다는 뜻은 아닙니다. 모든 운동은 신체 건강과 뇌의 건강에 도움을 줍니다. 중요한 것은 '움직임'에 있습니다. 앞으로 좀 더 자세히 설명하겠지만, 아이들의 몸은 신체 각 부위마다 뇌와 긴밀하게 연결되어 있기 때문에 아이들이 몸을 움직이면 연결되어 있는 뇌의 각 부위가 활성화됩니다. 아이들의 뇌를 직접 들여다 볼 수는 없습니다. 하지만 보이지도 않는 뇌를 '움직임'을 통해 활성화시킬 수 있다는 것입니다.

'건강한 신체에 건강한 정신이 깃든다'라는 말이 있듯이, 충분한 잠과 영양 보충, 활발한 운동을 하지 않는다면 아이들의 뇌와 신체가 잘 발달할 수 없습니다. 만약 잠과 영양, 운동처럼 기본적인 것들에 아무 문제가 없고, 아이 스스로도 학습에 대한 의지와 열의가 있는 상황임에도 불구하고, 계속적으로 성과가 부진하다면 좀 더 근원적인 문제를 함축하고 있을 가능성이 높습니다. 그것은 불안이나 스트레스 같은 심리적인 문제가 원인일 수 있는데, 다음 장의 뇌와 정서에서 자세히 살펴보도록 하겠습니다.

내 아이를 위한
엄마의 뇌 공부

са
제2부

뇌와 정서

01
공부 정서
– 공부가 재미있는 아이

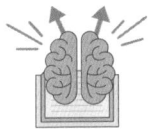

공부는 마음으로 합니다.

學而時習之(학이시습지) **不亦說乎**(불역열호)
"배우고 늘 익히고 있으니 이 또한 기쁨이 아니겠는가?"

도대체 공자는 학습의 기쁨이 얼마나 컸길래 논어(論語)의 첫 마디를 공부의 기쁨으로 시작했을까요? 공자뿐만 아니라 모든 아이들의 뇌는 학습을 좋아합니다. 인간은 배우는 것을 좋아하고 이를 통해 세상을 알아가고 성장하는 존재이기 때문에, 인간에게 있어 학습능력은 생존과 직결된 문제이며, 이로 인해 새로움에 대한 호기심과 학습 욕구는 인간의 타고난 본성이라 할 수 있습니다.

그런데 참 이상합니다. 공부를 싫어하는 아이들도 아주 많습니다. 공부하는 것을 싫어하다 보니 학교생활에도 흥미가 없고 당연히 좋은 성적을 기대하기도 어렵습니다. 이럴 때 꽤 많은 사람들은 성적이 안 좋은 원인을 지능 때문이라고 생각합니다. 그런데 과연 지능 때문일까요?

얼핏 공부는 고차원적인 기능과 이성을 담당하는 대뇌피질의 활동으로 여겨집니다. 하지만 많은 학자들이 공부는 감정을 주관하는 변연계의 상태에 달려 있다고 말하는 것으로 보아 '지능'보다 '마음'이 문제라는 것을 알 수 있습니다. 그도 그럴 것이 아이들의 공부에는 금과옥조(金科玉條)와 같은 원리가 있습니다. 바로 공부가 재미있어야 공부를 좋아하고, 그래야 계속해서 공부를 열심히 할 수 있다는 것입니다. 다시 말하면 '학습 낙관성', 긍정적인 공부 정서를 가진 아이가 공부를 열심히 할 수 있다는 것입니다. 아이들의 뇌는 하기 싫은 일, 억지로 무언가를 해야만 할 때는 활동을 게을리합니다. 2층 뇌인 변연계로부터 '싫다'는 신호가 3층 뇌인 대뇌피질로 보내지면 뇌의 움직임이 둔해지고, 반대로 '좋다'는 신호가 보내지면 뇌는 아주 활발하게 활동합니다. 그러므로 아이가 공부를 싫어한다면 아이의 '공부 정서'를 먼저 살펴봐야 합니다.

십 년 만에 공부 정서가 더 나빠진 아이들

2018년 보건복지부에서 발표한 '아동 종합실태조사'에 의하면 우리나라 18세 미만 아동, 청소년이 스스로 매긴 삶의 만족도는 6.6점입니다. 이는 OECD 회원국 평점인 7.6점보다도 1점이나 낮은 최하위 수준입니다. 아동과 청소년의 행복 수준을 개선하려는 수많은 노력에도 불구하고, 왜 우리나라 아이들의 행복지수는 여전히 최하위를 벗어나지 못할까요? 누구나 쉽게 짐작하듯이 역시 '공부가 화근'이었습니다.

옹알옹알거리기만 하던 아기의 입에서 처음으로 "엄마"라는 말이 터져 나오던 순간, 또 아빠의 양손을 잡은 채 아장아장 걸음마를 배우던 아이가 혼자 힘으로 첫발을 내딛는 그 순간 우리는 모두 환호했습니다. 부모만이 아니라 아이에게도 그 순간은 박수갈채가 쏟아지는 환희의 순간이었지요. 그렇게 온 세상을 기쁨으로 학습했던 우리 아이들이었는데, 어쩌다가 겨우 십 년 후인 초등학교 고학년만 되어도 공부 때문에 힘들고, 공부 때문에 기죽고,

공부 때문에 꿈이 사라진 아이로 변하게 된 걸까요? 물론 학년이 올라가도 여전히 공부가 즐겁고 공부에 의욕이 넘치는 아이들도 있습니다. 하지만 앞서 보았듯이 보건복지부의 '아동 종합실태조사'에서도 상당히 많은 아이들이 공부 때문에 본인의 행복점수를 낮게 평가했습니다. 도대체 우리 아이들에게 어떤 일이 있었길래 태어난 지 겨우 십 년 만에 공부가 싫어졌을까요? 누가 생각해도 이유는 간단합니다. 공부라는 것이 너무 어렵고 힘들어진 탓입니다. 그 원인은 아이의 지능이 낮아서가 아니라, 아이의 발달 수준을 고려하지 않은 학습을 했다거나, 아이가 학습을 통해 느끼는 심리적인 부담이 컸거나, 아이의 호기심과 학습 욕구가 적절히 채워지지 못한 경우이거나 또는 불안정한 가정 분위기가 미치는 영향을 우선적으로 살펴야 합니다.

그런데 문제는 아이가 어릴 때는 공부가 어렵고 힘들어도, 얼핏 보기에 공부를 곧잘 해내는 것처럼 보인다는 것입니다. 그래서 여섯 살짜리 아이가 한글, 수학, 영어숙제를 하면서 보내는 시간이 두 시간이 훌쩍 넘는데도 불구하고 엄마는 아이가 좋아해서 시키는 것이라고 합니다. 악기도 운동도 미술도 마찬가지입니다. 아이가 원해서, 아이가 좋아해서 시킨다고 합니다. 물론 부모 입장에서 '내 아이는 내가 가장 잘 안다'는 소신을 갖는 것은 중요하고, 대부분 부모가 가장 정확한 것도 사실입니다. 하지만 간혹 아이가 어려워하고 있음에도 불구하고 부모가 미처 알아차리지 못하는 경우가 있는데, 특히 아이들이 어릴 때 이런 일들이 자주 발생할 수 있습니다.

어린 아이들의 소망이 무엇인지 잘 아시죠? 네, 바로 부모님을 기쁘게 해 주는 거예요. 아이들은 이 세상에 태어날 때부터 부모의 마음을 정확하게 파악하기 위해 눈치를 살피고 귀를 쫑긋 세우며 살아왔습니다. 아이에게 있어 부모는 자신의 생존권을 손에 쥐고 있는 존재이고, 그래서인지 어린아이들도 부모가 무엇을 원하는지, 무엇 때문에 기뻐하는지를 본능적으로 잘 압니다. 예를 들어 아직 초등학교도 들어가지 않은 아이가 엄마랑 받아쓰기 시험을 봤습니다. 그런데 백 점을 맞았어요. 세상에서 가장 사랑하는 엄마가 흐뭇해하는 모습을 본 아이라면 계속적으로 엄마를 기쁘게 해 주고 싶을 것입니다. 그래서 아이는 엄마가 원하는 기준에 맞추려 무진장 애를 씁니다. 하지만 이렇게 천사 같은 아이의 노력도 십 년 이상은 버티기가 힘들다는 거예요. 초등학교 고학년쯤 되면 아이의 버틸 힘이 바닥나 버리기 때문입니다. 무엇보다 부모 또한 사랑하는 내 아이가 그렇게 힘들게 버티는 것은 원하지 않을 겁니다. 도대체 어떻게 해야 우리 아이도 공자처럼 배우고 익히는 것이 즐겁다고 말할 수 있을까요?

공부가 재미있는 아이

아하! 경험, 몰랐던 것을 알게 되는 즐거움

뇌가 학습을 좋아하는 이유는, 그것은 우리 뇌가 '모르는 것을 알게 되는 재미'를 느낄 때 쾌감을 느끼기 때문입니다. 예를 들어 우리 어른들도 독서를 하면서 내가 몰랐던 새로운 사실을 알게 될 때 참 재미있죠? '아하! 이런 거였구나' 고개까지 끄덕거리며 책을 읽을 때 얼마나 꿀맛입니까? 처음 접하는 새로운 지식뿐만 아니라 어린 시절에는 이해할 수 없었던 어려운 고전을 어른이 되어 다시 꺼내 읽어보니 한 구절 한 구절이 가슴을 후비며, '아하! 이렇게 깊은 뜻이 있었구나, 맞네, 맞아' 하면서, 삶의 통찰을 얻은 듯한 기쁨을 느껴본 적이 있을 것입니다. 어디 독서뿐인가요? 때로는 멍하니 앉아 있다가도 문득 내가 몰랐던 것을 깨닫게 되는 순간 '아하' 하면서 무릎을 탁 쳐 본 경험이 있을 것입니다.

학습심리학에서는 이것을 '아하 경험(Aha experience)'[8]이라고 합니다. 학자마다 약간씩 해석의 차이는 있지만, 아하 경험의 핵심은 '모르는 것을 알게 되는 기쁨'이라고 말할 수 있습니다. '모르는 것'이 '아는 것'이 되는 순간 우리 뇌는 '아하!', '아하!'를 연발하면서 즐거워합니다. 이렇게 뇌가 좋아하는 지적 쾌감을 느낄 때면 우리 뇌에서는 순간적으로 극적인 변화가 일어나는데, 눈 한 번 깜박하는 것보다 더 짧은 시간에 뇌 속 신경전달물질의 변

---

[8] 아하 경험(Aha Experience) : 쾰러(Wolfgang Köhler, 1887~1967년)가 제시한 통찰학습 이론의 핵심 개념

화가 일어납니다. 모르는 것을 알게 되는 바로 그 순간에 우리 아이들의 뇌 속에서 의욕과 열정의 물질인 도파민이 팡팡 분비되는 것입니다.

아하 경험을 많이 느끼려면 아이의 발달 수준보다 너무 어려운 것들은 금물입니다. 왜냐하면 공부를 재미있게 해야 공부 정서가 좋아질 텐데, 무리한 선행학습은 당연히 어려울 수밖에 없으므로 아는 재미, 꿀맛 같은 공부 재미를 느낄 수가 있겠습니까? 아이가 재미있게 공부하기를 원한다면 '아하! 경험'을 잊지 마세요. 학습의 수준과 내용, 공부방법을 고민할 때 무엇을 어떻게 해야 우리 아이의 뇌가 '아하!' 하며 지적 쾌감을 느낄 수 있을지 먼저 생각해 보길 바랍니다. 아이들이 한 손으로는 이마를 '탁' 치며 입으로는 '아하', '아하'를 연발하는 모습은 생각만 해도 너무 신나고 귀엽습니다. 무엇보다 아이와 함께 '아하'를 외칠 수 있는 부모 또한 행복한 부모임에 틀림이 없습니다. 이런 시간이 반복되면서 아이와의 관계가 더욱 돈독해지는 큰 수확을 얻을 수 있을 테니까요.

발견의 기쁨! 유레카!

아르키메데스는 히에론 왕으로부터 특별한 명을 받았다. 자신의 왕관에 불순물이 얼마나 섞여 있는지를 알아내라는 것이었다.

'왕관을 녹이지도 않고 무슨 수로 알아내란 말인가?'

고민에 고민을 거듭하던 아르키메데스는 너무 골치가 아파 잠시 쉴 겸 목욕을 하려고 욕조에 물을 가득 채웠다. 그런데 자신이 욕조에 들어가자 물의 수위가 높아져 물이 넘치는 것을 본 순간, '아하! 왕관을 물속에 넣어 무게를 달면 되겠구나'를 생각해 낸 것이다. 그는 이 깨달음이 너무 기뻐서 벌거벗은 채 "유레카!"(알아냈다!)를 외치며 거리로 뛰쳐 나갔다고 한다.

도대체 몰랐던 것을 깨닫는 기쁨이 얼마나 컸길래 옷도 안 입고 거리로 뛰쳐 나갔을까?

이 '부력의 원리'를 발견한 아르키메데스처럼 우리 아이들의 학습 여정에도 새로운 사실을 발견하며, "유레카!"를 외치는 기쁨의 순간이 가득하기를 바란다.

너무 쉬워도 문제, 너무 어려워도 문제

'자기효능감'은 자신이 어떤 일을 성공적으로 수행할 수 있는 능력이 있다고 믿는 기대와 신념을 뜻합니다.[9] 어떤 목표를 달성하는 순간에 느끼는 기쁨은 자기효능감의 가장 강력한 근원이 되지만, 반대로 실패 경험과 부모의 부정적인 피드백은 아이의 자기효능감을 약화시킵니다. 아이는 반복적인 성취경험을 통해 자기효능감이 향상될 때 공부가 재미있게 느껴지고, 계속적으로 공부를 즐겁게 할 수 있는 힘을 낼 수 있지만, 그렇다고 해서 너무 쉬운 과제나 목표를 제시하는 것은 자기효능감 향상에 도움이 되지 않습니다. 자기효능감은 단순한 성취만이 아니라 자신의 기량이 '발전되었다는 느낌'을 받을 때 향상될 수 있기 때문입니다. 간혹 아이들에게 성취감을 느끼게 해 주기 위해 너무 쉽고 단순한 학습 환경을 제공하는 경우가 있는데, 자신의 발달 수준보다 낮은 과제 앞에서 아이들은 오히려 쉽게 흥미를 잃거나, 신중히 사고하는 과정을 생략한 채 대충대충 처리해 버리는 습관을 가질 수 있습니다. 그러므로 아이들의 자기효능감을 키워주기 위해서는 너무 쉽지도 너무 어렵지도 않은, 아이의 실력보다 약간 높은 수준의 과제를 주면서 도전하게 하는 것이 가장 좋습니다.

아이에게 있어 학습은 꾸준히 자기 성취감을 느낄 수 있는 소중한 발판이 되어야 하며, 작은 성취를 반복적으로 경험하면서 단계적으로 실력을 높이게 될 때 자기효능감이 향상될 수 있습니다.

---

9) 자기효능감 : 캐나다 심리학자 앨버트 밴두라(Albert Bandure)에 의해 주장된 개념

공부 정서, 관계에 달려 있습니다.

앞에서 살펴보았듯이 공부는 감정을 주관하는 2층 뇌 변연계의 영향을 많이 받습니다. 변연계에 속해 있는 편도체는 위험이나 불안, 돌발 상황이 닥치면 아주 신속하게 결정을 내리는 특징이 있습니다. 왜냐하면 위기 상황에서는 이런저런 여러 가지 해결법을 모색해 볼 시간이 없기 때문입니다. 예를 들어 길을 가다가 갑자기 호랑이를 만났다고 상상해 보세요. 호랑이와 맞서 싸울 것인지? 아니면 도망을 칠 것인지? 양단간 지체 없이 결정을 내려야 살아남을 수 있을 것입니다. 만약 이런저런 여러 가지 방법을 따져보며 신중한 결정을 내리려고 했다가는 결정을 내리기도 전에 호랑이에게 잡아먹히고 말테니까요. 이것을 편도체의 투쟁 vs 도피 시스템이라고 하는데, 우리 뇌는 위험이나 불안을 느끼는 상황이 되면 투쟁할 것인가? 맞서 싸울 것인가? 저 사람이 나의 아군인가? 적군인가를 신속히 판단하여 양자택일하는 습성이 있습니다.

문제는 이 투쟁 vs 도피 시스템이 부모와의 관계에서도 고스란히 나타나는데, 부모와의 관계가 좋고 나쁨에 따라 아이는 부모를 '아군'과 '적군'으로 나누어 판단한다는 것입니다. 아이가 부모를 '아군'으로 여긴다면 다행이지만, 어린 시절부터 부모의 강요에 의해 어렵고 힘든 공부를 계속해 왔거나, 학습으로 인한 심리적 부담이 컸거나, 부모로부터 부정적인 피드백을 자주 받은 아이는 슬프게도 부모를 '적군'으로 생각할 수 있습니다. 부모 입장에서는 '아무리 그렇더라도 내 아이가 나를 적군으로 여길 수가 있겠어?', '날마다 나에게 하트를 가득 그린 편지를 선물하는 아이인데, 그럴 리가 없지'라고 확신합니다.

하지만 아이들은 대상에 대한 통합능력이 완벽하게 발달한 상태가 아니기 때문에, 내가 좋아하는 맛있는 간식을 해 줄 때는 엄마를 '아군'으로 여겼다가도, 엄마가 학습지를 펼치는 순간 순식간에 엄마를 '적군'으로 느낄 수 있습니다. 만약 지속적으로 아이의 스트레스가 심해지면 아이에게 있어 엄마는 '언제나 적군'이 되는 심각한 상태가 될 수 있는 것입니다.

아이가 부모를 '적군'으로 여기게 되면 부모의 말이 곧이곧대로 들리지도 않을 것이며, 이렇게 되면 아이는 최대한 부모의 말을 듣지 않으려고 할 것입니다. 투쟁 vs 도피 시스템에 따라 부모가 '공부하라'고 말하면 아이의 편도체는 어떻게 해서든 공부를 안 하려고 할 것이고, 아직은 어려서 부모와 맞서 싸울 힘이 없다면 투쟁을 선택하기보다는 무조건 공부를 피하려는 회피반응을 선택할 수 있습니다. 이러한 이유로 어린 시절 긍정적인 공부 정서의 관건은 부모나 선생님이 아이에게 '아군으로 느껴지느냐', '적군으로 느껴지느냐'에 달려 있다 해도 과언이 아닙니다.

온라인 수업이 많아진 요즘 부모도, 아이도 스트레스가 이만저만이 아닐 겁니다. 아이들의 등교 일수가 줄어들면서 상대적으로 집에서 공부를 해야 하는 시간이 늘어났는데, 사실 온라인 수업은 그리 녹록지가 않습니다. 어찌 보면 부모 입장에서는 아이가 학교에 가지 않는 것 자체로도 이미 큰 부담일 수 있고, 온라인 수업이 아직은 생소하다 보니 부모야말로 다시 학생이 되어 하나부터 열까지 새로 배우고 익혀야 하는 것들이 넘쳐납니다. 이럴 때 공부하기 싫어하는 아이를 보면 속이 부글부글 끓어오르기도 하고, 마음먹고 아이랑 사이좋게 공부를 도와주려고 하다가도 얼마 못 가 결국은 화가 치밀어 오르기도 합니다.

부모의 고충은 충분히 이해하지만 이럴 때일수록 화를 내는 것은 백해무익일 뿐입니다. 온라인 학습이 다 큰 어른인 부모나 교사에게도 생소하고 벅찬 현실인데, 하물며 아이는 오죽할까요. 무엇보다 아직 뇌가 다 발달하지 않은 아이에게 엄마가 화를 내거나 소리를 지르면, 아이는 엄마의 바람대로 무엇이 잘못되었는지를 생각하기보다는 그저 순식간에 머릿속이 하얗게 되어 버립니다. 아이에게 극심하게 화를 내거나, 면박을 주거나, 힘들게 몰아세우게 되면, 아이는 이러지도 저러지도 못하고 그 자리에서 꽁꽁 얼어버립니다. 이것을 '얼어붙기 반응(freeze response)'이라 하는데, 이 상태에서는 뇌가 더 이상 원활한 정보를 처리하지 못합니다.

아이들은 아직 어렵고 힘든 상황을 견디고 참아낼 수 있는 능력이나 힘든 일에 대해 말로 잘 표현할 수 있는 능력을 갖추지 못했습니다. 그래서 이때는 힘든 것과 모르는 것이 있으면 처음 해 보는 것이니 모를 수도 있고 또 그래도 괜찮다고 말해 주거나 기다려 줄 사람, 무엇을 모르는지, 어떤 도움이 필요한지 차근차근 물어주고, 도와줄 사람이 필요합니다. 취학 시기 아이들의 학습에 있어 가장 필요한 도움이 바로 이것입니다.

아이의 전두엽은 아직 완전히 발달한 것이 아니므로 '메타인지[10]능력'이 부족합니다. 메타인지능력을 갖춰야 내가 무엇을 모르는지, 어떤 도움이 필요한지를 알 수 있고, 그것을 말로 표현할 수 있습니다. 만약 부모가 그동안 아이의 행동에 지나친 반응을 보여 왔다면, 아이는 '모르는 것'을 '잘못된 것'으로 인식했을 수 있습니다. 그렇게 되면 아이는 혼나는 것이 두려워 더더욱 말을 못하게 될 것입니다. 그러니 아이에게 먼저 물어봐 주세요. '왜 모르는지'가 아니라 '무엇을 모르는지'를 물어보고, '어떻게 해야 할지'를 아이와 함께 고민해 주세요. 아이는 자신의 상태를 있는 그대로 받아 주는 사람과 있을 때 자기표현을 잘할 수 있으며, 그것이 '아이의 뇌를 어루만지는 비법'입니다. 물론 처음이어서 부모도 부족하고 시행착오가 있을 수 있습니다. 하지만 부족함이나 시행착오는 오히려 학습에 있어 꼭 필요한 과정입니다. 미국의 심리학자 에드워드 손다이크(Edward L. Thorndike)는 '문제상자(problem box) 실험'을 통해 시행착오가 학습의 기본과정이라는 사실을 입증했습니다. 실수나 오류가 있더라도 오히려 그것을 통해

---

10) 메타인지(metacognive) : 자신의 인지적 활동에 대한 지식과 조절을 의미하는 것으로 내가 무엇을 알고 무엇을 모르는지에 대해 아는 것에서부터 자신이 모르는 부분을 보완하기 위한 계획과 실행과정을 평가하는 것에 이르는 전반을 의미한다.

더 많은 것을 학습하게 되며, 이는 학습에 있어 꼭 필요한 과정이라는 것입니다. 코로나 이후 급변하는 환경 속에서 아이들이 잃어가는 것들이 너무 많아 안타깝기만 합니다. 단지 공부뿐만 아니라 많은 아이들이 자유롭게 외출도 하지 못하며, 그로 인해 맘껏 뛰어놀 기회, 친구를 만날 기회까지 너무 많은 것들이 제한되고 축소되었습니다. 아이들의 건강한 발달을 위해 꼭 필요한 단체 활동과 놀이, 친구가 제한된 상황에서 가장 든든한 '아군'이 되어 줘야 할 사람은 역시 부모가 아닐까요?

02
정서의 뇌가 편안해야 공부를 잘할 수 있습니다.

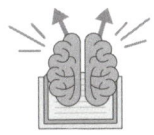

 많은 사람들이 학습은 3층 뇌인 대뇌피질, 즉 가장 상위 뇌인 '지성 뇌'의 역할이라 생각합니다. 물론 지적인 능력을 발휘하는 데 있어 대뇌피질의 역할이 중요한 것은 사실입니다. 하지만 우리의 뇌는 생명을 주관하는 1층 뇌인 뇌간에 가장 먼저 에너지를 공급하고, 그다음으로 감정을 담당하는 2층 뇌인 변연계의 욕구를 충족시킨 후에야, 비로소 이성과 사고, 언어와 통제를 관할하는 3층 뇌인 대뇌피질에 에너지를 공급합니다. 이 순서는 누구도 예외가 없기 때문에, 한국인이든 미국인이든 다르지 않고, 배운 사람이든 못 배운 사람이든 소위 말하는 금수저건, 흙수저건 누구도 예외 없이 신체와 감정 영역에 먼저 에너지가 잘 채워져야만 비로소 지적인 기능을 제대로 발휘할 수 있습니다. 아이들이 공부를 잘하려면 '지성의 뇌'보다 우선적으로 '정서의 뇌'가 안정적이어야 하는 이유도 바로 여기에 있습니다.

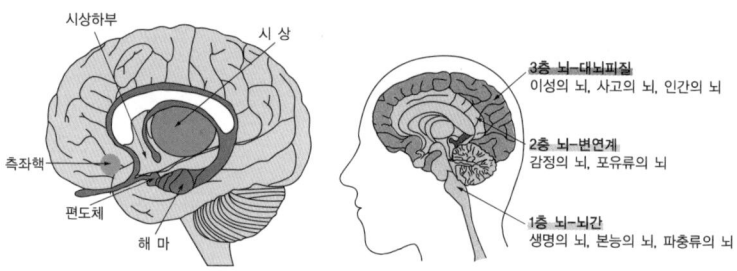

> 정서의 뇌인 변연계는 뇌의 3층 구조 중 2층에 위치하고 있으며, 밖에서 보았을 때 귀 바로 위쪽(측두엽의 안쪽)에 자리하고 있다. '포유류의 뇌', '감정의 뇌'라 불리는 변연계는 기억과 감정, 호르몬 조절 등 여러 기능을 담당하는데, 단기기억을 장기기억으로 전환하는 해마, 감정을 다루는 편도체, 호르몬 조절부인 시상하부와 의욕을 다루는 측좌핵 등이 변연계에 속해 있다. 변연계의 발달에서 가장 중요한 토대는 주양육자와의 안정적인 애착형성이다. 아이는 양육자와의 안정적인 애착형성을 통해 정서적 기반을 다지며, 자신의 감정과 타인의 감정을 헤아릴 수 있는 능력을 키우게 된다. 또한 변연계는 먹는 즐거움, 경쟁에서 싸워 이기는 것, 사랑 등을 통해 쾌감을 느끼지만, 반대로 그것들을 방해 받으면 분노, 우울, 공포와 스트레스를 느낀다. 변연계에 속해 있는 해마와 편도체는 스트레스에 매우 취약하다.

해마는 기억의 제조 공장

해마(Hippocampus)는 양쪽 귀 깊숙한 곳에 위치한 좌우 한 쌍의 기관으로 우리 뇌에서 기억과 경험을 처리합니다. 만약 해마가 손상되면 방금 전까지 사용했던 자동차 열쇠나 핸드폰을 어디에 두었는지 기억하지 못하여, 온 집안을 이리저리 찾아 헤매는 일이 생길 수 있습니다. 물론 해마가 손상되지 않았더라도 주의를 기울이지 않고 건성건성 받아들인 정보에 대해서는 우리 뇌도 중요하게 여기지 않기 때문에 깜박 잘 잊어 버리곤 합니다. 이처럼 수많은 정보가 해마에 들어오지만 모두 다 기억으로 남는 것은 아니며, 이 정보가 꼭 필요한지 아닌지를 결정하여 꼭 필요하다고 판단되는 정보들만 장기기억으로 저장됩니다.

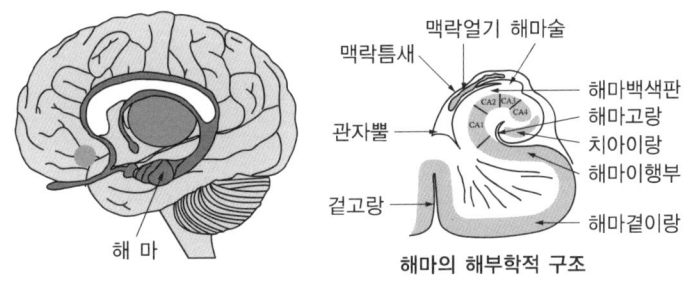

해마의 해부학적 구조

해마는 사람이 잠을 자는 동안 가장 활발하게 활동하는데, 낮 동안 학습한 정보를 '렘수면(Rapid Eye Movement, REM sleep)' 상태에서 정리하고 편집하는 중요한 기능을 하기 때문에 공부하는 아이들에게는 충분한 수면이 꼭 필요합니다. 앞 장에서 언급했듯이 잠이 부족한 날에는 사람의 수면 단계 중 렘수면이 가장 먼저 삭제되기 때문에 낮 동안 학습한 것을 효율적으로 조직화하고 체계화할 수 없습니다.

많은 사람들이 '아기 때의 기억은 몸이 기억한다'라고 말을 하는데, 이 말은 참 일리가 있습니다. 왜냐하면 해마는 아기가 태어날 때부터 이미 뇌 안에 존재하기는 하지만 해마가 그 기능을 제대로 할 수 있으려면 대략적으로 24~36개월 정도의 시간이 필요하기 때문에 보통 3세 이전의 기억은 '의식'으로 기억해 내지는 못하고 대신 '몸'으로 기억한다고 하는 것인데, 이 부분에 있어서는 '편도체'가 상당한 역할을 하고 있습니다.

두려움과 위기를 감지하는 '편도체'

해마의 끝부분에 자리하고 있는 편도체는 한 쌍의 아몬드 모양으로 측두엽의 안쪽에 위치하고 있습니다. 이 편도체는 동기와 기억, 감정과 같은 정서적 정보를 처리하는데, 특히 두려움이나 공포, 아픔처럼 위험과 직결된 정보에 민감하게 반응합니다. 그래서 부정적인 정보가 입력되면 그것을 잘 지우지 않는 특성이 있으며, 뇌과학은 이러한 편도체의 특성이 인간의 생존확률을 높여 준다고 설명합니다.

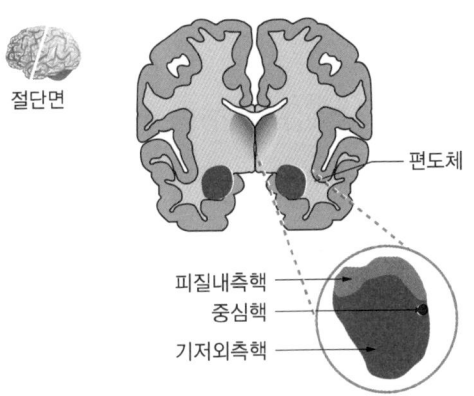

우리 뇌의 최대 지상과제는 '생존'이기 때문에 뇌는 언제나 '안전'을 가장 중요하게 여깁니다. 그래서 아프거나 힘들거나, 두렵거나 무서운 일을 겪게 되면, 이런 기억들을 잊지 않고 잘 저장해 둡니다. 다음에 또 비슷한 일이 생겼을 때 재빨리 알아차릴 수 있게 하려는 거죠. 위험한 상황을 빨리 알아차려야 피할 것인지, 맞서 싸울 것인지를 신속하게 결정하여 생존을 유지할 수 있을 테니까요.

앞서 해마가 담당하는 기억은 '생존' 자체와는 직접적인 관련이 없습니다. 내가 핸드폰을 어디에 두었는지, 오늘 무엇을 배웠는지를 기억하지 못한다고 해서 당장 생존에 위협이 되는 것은 아니라는 것입니다. 하지만 두렵고, 아프고, 공포스러운 일들은 상황이 다릅니다. 민감하게 감지하고 신속하게 반응하지 못하면 '생존'에 위협이 되는 문제가 발생할 수 있습니다. 이처럼 편도체가 담당하는 정보는 생존과 직결되는 정보가 많기 때문에 편도체는 아기가 태어날 때부터 생존을 위해 작동합니다. 갓난아기들이 배가 고플 때 얼굴이 새빨개지도록 우는 것은 '배고픔'이라는 위기를 감지한 편도체가 제 기능을 잘하고 있다는 신호로 볼 수 있습니다.

두려움은 나쁜 감정일까?

앞서 소개했듯이 인간의 뇌에서 두려움과 위기를 감지하는 부위는 편도체이다.

연구에 의하면, 편도체를 제거한 쥐는 고양이를 마주했을 때 도망가기는커녕 오히려 고양이를 공격했다고 한다.[11]

사람들 중에도 편도체가 잘 활성화되지 않는 이들이 있다. 알렉스 호놀드(Alex Honnold)는 세계적인 프리 솔로(Free-solo) 등반가이다.[12] 그가 2017년 미국 요세미티 국립공원의 엘 캐피탄(El Capiton, 높이 3,000 피트/약 914 미터)을 세계 최초로 프리솔로 등반하였을 때, 많은 신경과학자들이 관심을 보이며 그의 뇌를 검사하였는데, 흥미롭게도 그의 편도체는 아무리 충격적인 사진을 보여 줘도 전혀 활성화되지 않았다고 한다.

1985년생인 그가 젊은 나이에 세계적인 등반가로 명성을 얻을 수 있었던 것은 위험한 상황에 둔감해진 그의 편도체 덕분일 것이다.

많은 사람들이 두려움과 공포는 불필요한 정서라고 생각하지만, 과연 그럴까? 편도체가 제거된 후 두려움과 공포감을 느끼지 못하고, 고양이를 공격했던 쥐는 어떤 최후를 맞이했을까?

---

11) Blanchard & Blanchard, 1972
12) 프리솔로(Free-solo)는 로프, 하네스 등의 보조물을 이용한 인공 등반과 달리 혼자 어떠한 안전장비도 없이 맨몸으로 암벽을 등반하는 방식이다.

민감기의 뇌는 스트레스에 취약합니다.

인간의 뇌는 모든 영역이 똑같은 속도로 발달하는 것이 아니라 영역별로 왕성하게 발달하는 시기가 각각 다르며, 뇌의 각 부위마다 외부의 영향에 민감해지는 시기가 있습니다. 이러한 시기를 '민감기(Sensitive Period)'라 부르는데 학자마다 약간씩의 차이는 있지만, 대체로 사고나 행동과 관련된 전전두엽의 민감기는 만 14~16세, 좌뇌와 우뇌를 연결하는 뇌량의 민감기는 만 9~10세, 기억과 경험을 담당하는 해마의 민감기는 만 3~5세인 유아기로 알려져 있습니다. 여기서 우리가 주의해야 할 점은 발달적 민감기에 접어든 뇌는 다른 때보다 스트레스에 매우 취약하다는 것입니다. 스트레스를 받으면 코티졸(cortisol)[13]이라는 호르몬이 분비되면서, 긴장감과 집중력을 동원하여 스트레스 상황에 효과적으로 대처하도록 해 줍니다. 그러나 심한 스트레스가 오랜 기간 지속된다면 과도하게 분비되는 스트레스 호르몬이 뇌의 일부분에 오히려 독으로 작용하여 신경세포에 손상을 입히게 됩니다. 특히 해마와 편도체는 이 스트레스 호르몬에 매우 취약한 부위이며, 수많은 연구를 통해 심한 스트레스가 반복적으로 지속될 경우 코티졸의 분비가 많아지면서 해마의 신경세포들이 손상되고, 해마의 크기도 위축된다는 것이 밝혀졌습니다. 또한 스트레스로 인해 정서를 처리하는 편도체가 손상되면 감정조절에도 어려움을 겪습니

---

13) 코티졸(cortisol) : 급성 스트레스에 반응해 분비되는 물질로, 스트레스에 대항하는 신체에 필요한 에너지를 공급해 주는 역할을 한다.

다. 별일이 아닌데도 예민하게 반응하거나 불안해 하고 툭하면 화를 참지 못하는 경우가 생기는 것입니다. 과도한 스트레스로 인해 기억을 담당하는 해마가 제 기능을 하지 못하게 되고, 편도체가 손상된다면 아이들의 학습은 어떻게 될까요?

▌ 스트레스가 해마에 미치는 영향

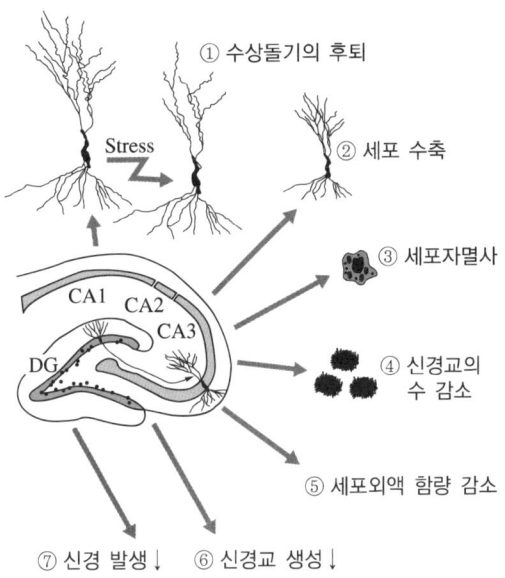

정상적인 해마 vs 지속적인 스트레스와 외상으로 인해 위축된 해마

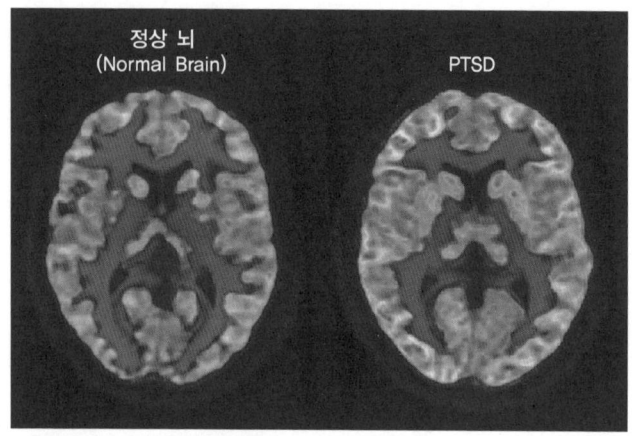

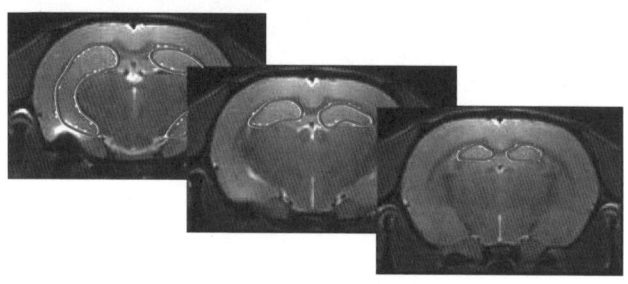

아이에게 과도한 스트레스가 반복되면 아이의 뇌는 공부에 집중하기가 어렵습니다. 특히 가정환경이 불안정하거나, 부모와의 관계가 안 좋은 경우, 공부로 인한 부담이 크거나, 친구관계에서 어려움을 겪는 등의 심한 스트레스를 받으면 아이가 공부에 전념하기 어려우며, 이것은 아이의 지능과는 아무 상관이 없습니다.

스탠퍼드-비네 지능 검사를 개발한 미국의 심리학자 루이스 터먼(Lewis Madison Terman)은 학업성취도가 낮은 영재아 중 상당수의 아이들이 정서적 문제를 겪고 있다고 했습니다. 아무리 특출난 재능을 가진 영재아일지라도 스트레스를 겪으면 학업성취도가 낮아질 수 있다는 것으로, 학업의 성취는 재능과 노력만의 문제가 아니라는 것을 말해 줍니다. 아이가 아무리 공부를 열심히 하고 싶어도 아이의 뇌는 당장에 처한 스트레스와 불안에 대처하는 것만으로도 벅차기 때문에, 언제나 '생존'이 우선인 뇌의 입장에서는 공부까지 신경 쓸 여력이 없기 때문입니다.

그렇다면 아이들이 스트레스를 받을 때 뇌에서는 어떤 일이 생길까요?

03
스트레스가
학습에 미치는 영향

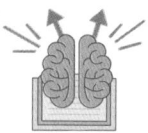

    자율신경계는 이름 그대로 자율적으로 우리 몸의 기능을 조절하는 신경계로서, 대뇌의 명령 없이 스스로 알아서 일을 합니다. 그래서 우리가 일부러 의식하며 노력하지 않아도 저절로 숨을 쉬고, 달리기를 하면 저절로 맥박이 빨라지며, 음식을 먹을 때에도 저절로 침이 고이고, 날씨가 더우면 저절로 땀이 나는 것입니다. 이런 일들은 어찌 보면 너무나 단순한 일처럼 여겨질 수 있지만, 자율신경계가 하는 일들은 생명을 유지하는 데 있어 가장 기본이 되는 중요한 기능들이기에 우리 몸에서 자율신경계가 단 1분이라도 제대로 작동하지 않으면 생명이 위험해질 수도 있습니다.

이처럼 자율신경계는 잠시도 쉬지 않고 일을 해야 하고, 또 생명과 직결된 중요한 일들을 담당하기 때문에 일일이 대뇌를 거치지 않고 자율적으로 일을 하는 것이며, 교감신경계와 부교감신경계로 나누어져 있습니다.

교감신경계 vs 부교감신경계

자율신경계를 자동차에 비유하여 설명하자면 '교감신경계'는 우리 몸에서 자동차의 액셀러레이터(accelerator) 같은 역할을 합니다. 운전 중에 액셀러레이터를 밟으면 자동차가 속도를 내며 빨리 달릴 수 있는 것처럼 교감신경계는 우리 몸이 능동적으로 반응할 수 있도록 신체를 활성화시키는 역할을 합니다. 반대로 '부교감신경계'는 자동차의 브레이크(brake) 같은 역할을 하는데, 운전 중에 브레이크를 밟아 속도를 낮추어 멈추는 것처럼 부교감신경계는 우리 몸을 진정시키고 회복시킴으로써 신체 자원을 보존하는 역할을 합니다.

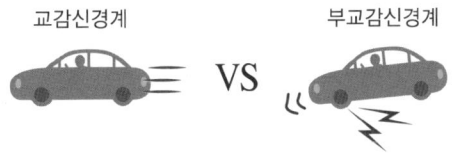

간단히 정리하면 교감신경계는 '각성'과 관련이 깊고, 부교감신경계는 '휴식'과 관련이 깊은데, 이 두 가지가 서로서로 길항작용[14]을 하면서 우리 몸이 항상성을 유지하도록 해 줍니다.

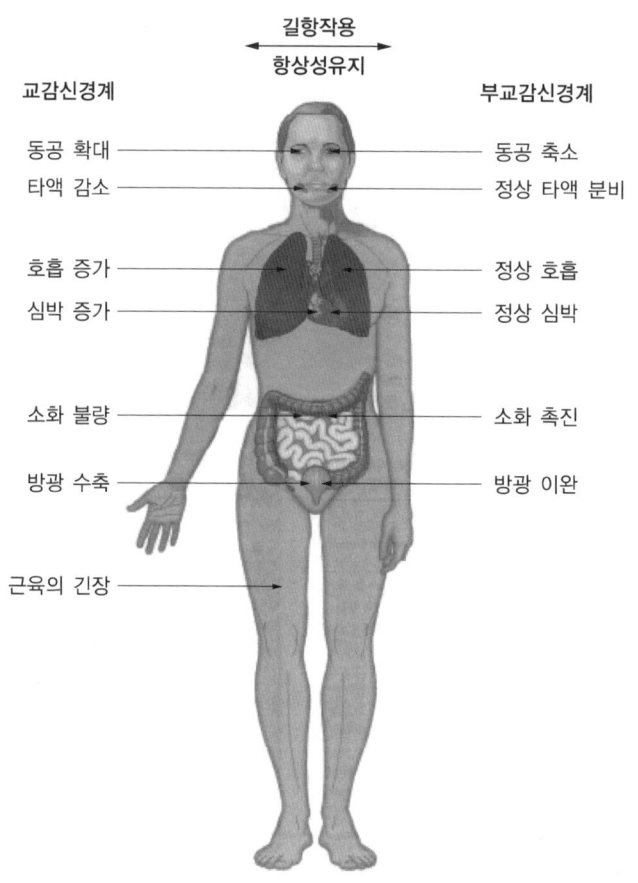

---

14) 길항작용(antagonism) : 서로 상반되는 두 가지 작용이 서로의 효과를 상쇄시키는 작용

스트레스를 받으면 우리 몸에서는 어떤 일이 일어날까?

우리가 스트레스를 받으면 우리 몸에서 마치 '화재경보기'와 같은 역할을 하는 교감신경계가 활성화됩니다. 불이 나면 화재경보기가 울리면서 화재에 대처할 수 있게 해 주듯이, 위험한 상황이나 스트레스를 받는 상황이 되면 교감신경계가 활성화되면서 스트레스에 대처할 수 있는 물질들을 분비합니다. 앞 장에서 학습에 관여하는 신경전달물질을 살펴보면서, 아이 앞에 장롱이 쓰러졌을 때 순간적으로 엄마가 괴력을 발휘하며 장롱을 번쩍 들어 올리게 되는 것은 노르에피네프린의 역할이라고 했던 것을 기억하시죠? 이렇게 스트레스나 위기 상황이 발생하면 그에 맞서 대처할 수 있도록 교감신경계가 활성화됩니다. 예를 들어 우리가 깜박하고 가스 불을 켜 놓은 채 잠이 들었는데, 눈을 떠 보니 가스 레인지 주변으로 불길이 번지고 있다는 생각을 한 번 해 볼까요? 깜짝 놀라서 동공이 커지고, 불길을 잡으려면 힘을 써야 하므로 온몸의 근육이 극도로 긴장할 것이며, 또 근육에 산소 공급을 잘 해야 하므로 심장이 빨리 뛰고 혈압도 높아질 것입니다. 또한 늦은 밤 혼자 밤길을 걸을 때 뒤에서 낯선 발자국 소리가 들린다면 어떨까요? 두근두근 심장이 빨리 뛰고 입안에 침이 바짝 마르면서 손에 땀이 날 것입니다. 이 모두가 위태로운 상황에서 우리 몸의 비상 시스템인 교감신경계가 활성화되면서 우리 몸이 위기에 대처할 수 있도록 준비태세를 갖추는 것입니다. 우리 몸은 이렇게 교감신경계가 활성화된 상태에서는 위기 상황에 대처하는 것이 우선이다 보니 뇌가 새로운 것에 호기심을 갖거나, 차분하게 학습을 하거나, 무언가를 계획하거나 집중하는 것은 당연히 어렵습니다. 그런데 집에 불이 나거나 밤길에 괴한을 만나는 것처럼 끔찍한 상황이 아닌데도 불구하고 심장이 두근거리고, 온몸이 긴장되는 등 비슷한 증상이 나타날 때가 있습니다. 이 역시 뇌가 불안을 느끼거나 스트레스를 받을 때 나타나는 증상이며, 이때도 역시 호기심을 갖거나 학습을 하는 것은 어렵습니다.

아이 앞에서의 부부싸움은 공부의 적입니다.

그렇다면 아이들의 뇌가 가장 스트레스를 받고 불안을 느끼는 상황은 언제일까요? 아이들에게 공부 스트레스나 친구 문제보다도 더 큰 불안이자 가장 견디기 힘든 스트레스는 바로 '부모의 불화'입니다. 아이에게 부모의 불화는 자신의 생존에 큰 위협을 느끼는 일이며, 특히 부모의 싸움을 눈앞에서 목격할 때 느끼는 불안의 정도는 전쟁에 참전한 군인들이 느끼는 불안의 정도와 같다고 합니다.

물론 부부싸움을 하지 않는 부부가 얼마나 있겠습니까? 또 부부싸움을 안 한다고 해서 모두 건강하고 행복한 부부라고 단정할 수는 없을 것입니다. 하지만 부부싸움을 하더라도 반드시 지켜야 할 것이 있는데, 그것은 바로 '아이 앞에서만큼은 부부싸움을 하지 않는 것'입니다. 자신에게 있어 가장 중요한 존재인 부모가 알 수 없는 이유로 서로를 거칠게 대하는 모습을 본 아이들의 충격과 공포는 어른이 된 후에도 쉽게 잊혀지지 않기 때문입니다. 부부간에는 어쩌다 한 번 있는 말다툼일 수도 있고, 또 다시 화해하면 나쁜 기억도 금세 지울 수 있겠지만, 아이에게 부모는 우주와 같은 존재인데, 나를 지켜주고 안전하게 받쳐줘야 할 우주에서 전쟁이 일어난 것을 어떻게 쉽게 잊을 수가 있겠습니까?

실제로 전쟁에 참여한 병사들 중에 상당히 많은 사람들이 오랫동안 트라우마로 힘들어 한다는 것은 이미 잘 알려져 있는 사실입니다. 아이에게도 부부싸움은 끝나지 않는 '전쟁의 상흔'이 되어, 어른이 되어서도 반복적으로 되살아나는 영구적인 상처로 남는 경우가 많습니다. 또 이렇게 스트레스를 받으면 아이가 아무리 공부에 대한 의지가 있다 해도 뇌가 협조를 하지 못합니다. 가정 환경이 불안하면 아이는 전쟁터에 있는 것과 다를 바 없는데, '생존'을 최우선으로 하는 뇌의 입장에서 판단한다면 전쟁터에서 총칼을 피해야지 공부를 하고 있을 일이 아니기 때문입니다.

앞서 말씀드렸듯이 한창 발달 중인 아이들의 뇌는 스트레스에 매우 취약합니다. 심각한 부모의 불화가 지속되어 아이들이 만성적인 스트레스를 받으면, 당장의 학습은 물론이고 한창 발달 중인 아이들의 뇌가 손상을 입을 수도 있으므로, 내 아이가 공부를 잘하길 원한다면, 다른 그 무엇보다 평화롭고 안정적인 가정 분위기를 마련해 주는 것이 최우선입니다. 아무리 좋은 교육을 제공한다 하여도 아이가 가정 내에서 안전한 분위기를 느낄 수 없다면, 아이의 뇌는 학습에 필요한 수준 높은 사고활동에 몰두할 수가 없습니다.

> **부부싸움의 영향은 어디까지일까?**
>
> 케임브리지 대학의 니콜라스 월시(Nicholas D. Walsh) 박사는 만성적인 부모의 불화를 보고 자란 아이들의 경우 소뇌의 회백질이 눈에 띄게 감소했다고 보고했다.[15] 소뇌는 대뇌보다 크기는 작지만 대뇌보다 훨씬 많은 신경세포가 모여 있는 부위로 운동과 기억, 기술을 습득할 때 중요한 역할을 한다. 이뿐만 아니라 소뇌의 회백질 감소는 정동장애, 자폐증, 조현병 발병과도 관련이 있다고 밝혔다.
>
> 이와 함께 영국 글래스고 의대 데니스 스토트(Denis Stott) 박사는 1,300여 명의 가정을 대상으로 진행한 연구에서 부부싸움을 많이 하는 가정의 아이는 부부 사이가 좋은 가정의 아이보다 정신적, 신체적 장애에 노출될 위험이 약 2.5배나 높다고 분석하였다. 이 외에도 부부싸움이 아이의 뇌에 악영향을 준다는 것은 많은 연구자에 의해 보고되었으며, 가정불화가 아이에게 강한 트라우마로 남는다는 보고는 수없이 많다. 아이의 뇌가 보고 싶지 않고 듣고 싶지 않은 것을 거부함으로써 뇌의 발달을 방해한다는 것이다. 어린 시절의 가정 분위기는 청소년기를 지나 성인이 된 이후에도 평생의 삶에 영향을 준다는 것을 기억해야 한다.

---

15) Nicholas D. Walsh et al., *NeuroImage*, 2014

정서의 뇌가 편안해야 공부를 잘할 수 있는 이유

아이들뿐만 아이라 어른들도 불안하거나 많이 긴장된 상황에서는 온전히 자기 일에 집중하지 못했던 경험이 있으실 겁니다. 마음이 편치 못할 때 좀처럼 일이 손에 잡히지 않았던 원인은 감정의 뇌와 이성의 뇌 사이의 우선순위와 주도권을 감정의 뇌인 변연계가 쥐고 있기 때문입니다. 우리 뇌는 위험이나 불안을 느끼는 상황에서는 고차원적인 사고를 하기보다 생존 지향적으로 일을 하는데, 이런 현상을 다운시프팅(downshifting)[16]이라고 합니다. 아이들이 스트레스를 받거나 불안한 환경에 반복적으로 노출되면, 아이들의 뇌가 다운시프팅되면서, 뇌가 가지고 있는 에너지를 우선적으로 불안과 위기 상황의 대처에 모두 사용해 버리기 때문에 정작 학습에 사용할 에너지가 부족해질 수밖에 없는 상황이 되는 것입니다.

행복한 가정은 최고의 선물

가끔씩 자녀를 키우면서 필요 이상으로 지나친 죄책감을 느끼는 부모들이 있습니다. 엄마가 직장을 다녀서 너무 미안하고, 또 아빠가 돈을 많이 못 벌어서 미안하다고 합니다. 물론 부모의 마음이 어찌 그러하지 않겠습니까마는, 지나치고 불필요한 죄책감보다는 그 대신 지금 자녀에게 꼭 필요한 것, 반드시 해 줘야 할 것을 먼저 해 주세요. 자녀에게 가장 우선적으로 '우리 집은 참

---

16) 다운시프팅(downshifting) : 위협, 공포 및 스트레스 상황에서 뇌가 고차적 기능을 수행하지 못하고 생존 지향적인 것을 수행하는 현상

안전하다'는 느낌을 갖도록 해 주는 것이며, 다른 그 무엇보다 이것만큼은 자녀에게 보장해 주어야 합니다. 아이의 뇌는 안전감을 느끼고 마음 편한 상황이 되어야만 비로소 긴장을 풀고 에너지를 학습에 사용하게 되며, 안전감을 주는 행복한 가정이야말로 자녀에게 가장 큰 선물이자 한평생을 살아갈 든든한 '심리적 자본'입니다.

Special Column

아이의 발달과 아빠의 역할

아이가 커가면서 아빠의 역할이 더욱 중요해진다. 유아기 중기가 되면 남녀의 구별을 분명하게 인식하게 되면서 남자아이들은 남자친구끼리, 여자아이들은 여자친구들끼리 친밀감을 공유한다. 그래서 유아기는 '아빠의 역할'과 '아빠와의 관계'가 더 없이 중요한 시기이다. 아이는 아빠와의 친밀한 관계를 통해서 자연스럽게 엄마와 아빠의 차이를 발견하게 되고, 이를 곧 '남성'과 '여성'의 차이로 인식하게 됨으로써 자신의 성별에 맞는 올바른 성 역할을 하려고 하기 때문이다.

아빠와 아들

남자아이에게 있어 아빠는 인생의 롤 모델이다. 이 시기 대부분의 남자아이는 아빠가 이 세상에서 가장 훌륭하고 강인한 사람이라고 여길 수 있다. 따라서 아이는 아빠의 직업이나 사회생활, 가치관과 생활습관, 특히 가정 내 아빠의 역할을 보면서 남자로서 갖추어야 할 성 역할과 가치관을 형성하게 된다. 대부분의 남자아이는 아빠와 함께하는 활동적이고 도전적인 놀이를 매우 좋아하는데, 아빠와 함께 찜질방에 있는 남탕에 들어가 함께 목욕

Special Column

을 하거나, 캠핑을 가서 텐트를 치거나 연장을 다루고 모닥불을 피우는 경험을 통해 아빠와 내가 일치하는 특성과 공통된 관심 분야가 있다는 것을 알고, 엄마와의 관계에서는 잘 일어나지 않는 특별한 감정을 느낄 수 있기 때문이다. 그러므로 아이에게 나와 아빠는 '같은 남자'라는 유대감과 친밀감을 느낄 수 있는 남자들만의 시간을 만들어 주는 것이 좋다.

하지만 가장 중요한 것은 가정 안에서 바람직한 아빠의 모습을 보여 주는 것이다. 아빠는 아들의 인생에 있어 '최초의 남성'이기 때문에 아이는 아빠를 보며 '남성다움'의 기준을 내면화하고, 아빠가 엄마를 대하는 방식을 보면서 아이 또한 나름의 여성관을 만들어 가기 때문에 아내를 아끼고 존중하는 모습, 가사일과 육아를 적절히 분담하는 모습 등을 보여 주어야 한다.

아빠와 딸

남자아이에게 있어 아빠가 '최초의 남성'이었다면, 여자아이에게 있어 아빠는 '최초의 이성'이라는 특별한 의미를 담고 있다. 딸은 아빠와의 관계 속에서, 아빠의 모습을 모델로 삼아, '이성이란 어떤 것인가?', '이성을 대할 때는 어떻게 대하는 것이 좋은가?'를 배우게 된다. 이러한 영향은 단순히 어린 시절뿐만 아니라 성인이 된 이후에도 지속적이며 성인 여성들의 남자관계 또한 엄마와의 관계보다 아빠와의 관계로부터 훨씬 더 많은 영향을 받는다.

실제로 많은 여성들이 연인이나 배우자를 찾을 때 무의식적으로 아버지를 떠올리는데, 아버지와 비슷한 남성을 선택하거나 아니면 정반대인 사람을 선택하는 경우가 많다. 또한 여성이 이성과

Special Column

의 관계에서 문제점이 드러나는 지점을 살펴보면 어린 시절 지나치게 엄격하거나 권위적이었던 아빠와의 관계, 무관심한 양육으로 인해 갖게 된 아빠라는 존재에 대한 정서적인 부재뿐만 아니라, 아빠가 배우자인 엄마를 하대하거나 적대적으로 취급했던 기억과도 연관이 깊다는 것을 알 수 있다. 아이는 부모의 모습을 보면서 사람을 사랑하는 방식을 배운다. 아빠가 엄마를 사랑하고 신뢰하며 존중하는 모습을 보고 자란 딸은 성인이 된 후 이성과의 친밀관계에서 안정감을 느끼며 자연스럽게 한 남성을 사랑하고 신뢰하는 법을 알게 된다. 또한 이런 방식으로 누군가를 사랑하면 자신도 똑같이 사랑받을 수 있다는 믿음과 자신감을 갖게 된다.

— Special Column —

아빠를 위한 Tip! 뭐니 뭐니 해도 신체놀이가 최고!

심리학자 대니얼 파케트(Daniel Paquette)는 아빠와의 '거친 신체놀이(Rough-and-Tumble Play)'가 아이에게 책임감과 자신감, 경쟁력을 기르는 데 효과적이며, 신체놀이를 통해 아이는 신체와 정신을 더 많이 단련하게 된다고 하였다. 특히 아이와의 머슬십(muscleship)은 경쟁에 따른 스트레스를 조절하고, 갈등 상황에 대처하는 능력을 기르는 데 효과적이라고 하였다.

머슬십이란 '힘을 가하는 스킨십'을 뜻하는데, 단순히 쓰다듬고 만져주는 것만이 아닌, 근육을 이용해서 힘을 주어 아이와 접촉하는 것을 말한다.

아빠가 아이를 꼭 끌어안거나 함께 씨름을 하거나 아빠 팔에 아이가 매달리는 등의 거친 신체놀이는 스킨십 이상의 쾌감을 느끼게 해 줌으로써 서로의 관계를 더욱 돈독하게 만들어 준다.

특히 씨름이나 레슬링 같은 온몸 겨루기 운동은 아이에게 필요한 접촉 위안을 극대화하는 동시에 아이가 부모에게 쌓인 부정적인 감정을 공식적으로 해소할 수 있는 좋은 방법으로 활용할 수 있다.

무엇보다 어릴 때부터 충분한 놀이와 신체 접촉을 통해 아빠와 소통한 아이라면, 질풍의 사춘기도 무난하게 잘 넘길 수 있을 것이다.

내 아이를 위한
엄마의 뇌 공부

제3부

유아기의 뇌

01

언어와 뇌

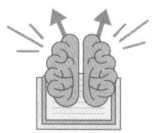

말을 하고 듣고 이해하는 활동은 뇌의 특정 영역에서 이루어집니다. 대부분의 경우 좌뇌가 언어를 담당하지만, 그렇다고 해서 우뇌가 아무 역할도 안 하는 것은 아닙니다. 주로 감성적인 것을 다루는 우뇌는 말의 운율을 담당하고 우뇌가 담당하는 말의 높낮이나 음악적 성향 또한 의사소통에서 중요한 역할을 합니다.

말하는 뇌, 듣는 뇌

좌뇌에는 감각성 언어영역인 베르니케 영역(Wernicke's area)과 운동성 언어영역인 브로카 영역(Broca's area)이 있는데, 베르니케 영역은 '말을 듣고 이해하는 일'을 담당하고, 브로카 영역은 '말을 하는 일'을 담당합니다. 그래서 우리가 다른 사람의 말을 듣고 이해할 때는 베르니케 영역이 포함된 왼쪽 측두엽-두정엽이 활성화되지만, 직접 말을 하거나 문장의 차이를 구별할 때는 브로카 영역이 포함된 전두엽이 활성화됩니다.

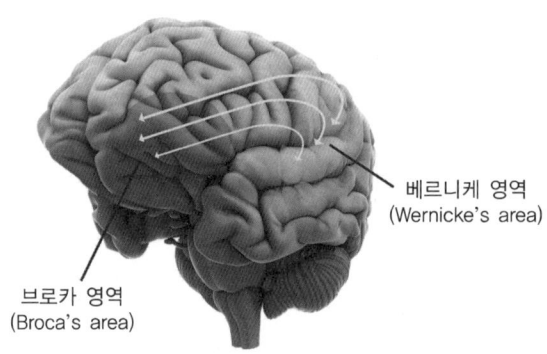

베르니케 영역은 시각과 청각, 촉각을 담당하는 영역의 경계면에 자리하고 있어서 단어의 소리와 장소, 사물 간의 연관성을 저장하기에 좋으며, 전두엽 근처에 위치한 브로카 영역은 계획과 순서, 논리, 문법을 이용하여 언어를 사용하는 능력을 발휘하기가 좋습니다. 말을 듣고 이해하는 베르니케 영역이 말을 하는 브로카 영역보다 좀 더 빨리 성숙됩니다. 연구에 의하면 베르니케 영역의 시냅스는 8~20개월 사이에 최대가 되지만, 브로카 영역의 시냅스 수는 15~24개월이 되어야 최고치에 달하기 때문에 말을 듣고 이해하는 '수용언어'가 말을 하는 '표현언어'보다 더 빨리 발달합니다. 또 6세 즈음에는 베르니케 영역과 브로카 영역을 연결하는 '활꼴 섬유'의 수초화가 진행되면서 아이들의 말에 문법이 갖춰지고, 이로 인해 아이들은 길고 복잡한 문장을 제법 조리있게 말할 수 있게 됩니다.

읽고 쓰는 뇌

글을 읽을 때는 가장 먼저 후두엽의 시각야에 정보가 전달되고, 글자의 모양을 처리하기 위해 측두엽의 하측두회에 정보가 전달됩니다. 또 동시에 문장의 의미를 이해하기 위해 각회에도 정보가 전달되는데, 이러한 정보를 받아 왼쪽 전두엽의 브로카 영역이 활동하면서 글을 읽을 수 있게 됩니다.

글을 쓸 때에는 전두엽 후부의 운동야와 두정엽의 체성감각야가 작용하여 손가락 운동과 감촉을 조장하며, 동시에 두정운동야의 공간 인지능력이 작용하면서 문자의 형태나 배치를 처리합니다. 또한 생각하면서 글을 쓸 때는 사고활동을 담당하는 전두엽이 함께 활성화됩니다.

이중 언어자의 특별한 뇌 구조

미국에 이주한 한국인과 중국인을 대상으로 영어 문법을 획득한 시기와 그들이 미국에 이주해 온 시기의 연령관계를 조사한 결과에 의하면, 7세 이전에 미국에 이주해 온 사람은 미국에서 태어난 사람, 즉 네이티브 스피커(native speaker)와 다름없이 영어를 잘 구사하였지만, 그 이후의 연령대에 이주해 온 사람은 전자에 비해 영어 구사력이 뒤떨어진 것으로 나타났습니다. 연구 결과에 의하면 모국어와 제2언어의 경계를 정하는 민감기는 7세 즈음이며, 만약 7세 이전에 외국어에 노출된 경우에는 외국어를 모국어와 동일한 수준, 즉 바이링구얼(bilingual)로서 획득할 수 있는 가능성이 높은 것으로 나타났습니다.

그렇다면 이중 언어를 사용하는 경우 모국어가 아닌 외국어는 뇌의 어느 영역이 담당할까요? 이에 대해서 유아기부터 바이링구얼로 자란 사람들과 10세 이후 외국어를 습득하여 바이링구얼이 된 사람들을 두 그룹으로 나누어 FMRI(Functional magnetic resonance imaging)[17]를 이용해 관찰한 결과를 살펴보았을 때, 10세 이후 외국어를 습득한 사람들은 모국어와 외국어에 의한 뇌 활동 영역이 브로카 영역 안에서 각각 따로따로 분리되어 있는 것이 확인되었습니다. 반면에 유아기부터 바이링구얼로 자란 사람들은 브로카 영역 안에 두 언어의 활동 부위가 중복되어 있는 것으로 나타났는데, 이는 유아기 때부터 이중 언어를 구사할 경우 하나의 언어 시스템에서 두 개의 언어를 운용함으로써 외국어를 사용할 때도

---

17) FMRI(Functional magnetic resonance imaging) : 뇌 혈류 변화를 감지하여 뇌 활동을 측정하는 기능적 자기공명 영상

모국어의 언어 시스템을 그대로 사용하게 되지만, 10세 이후에 외국어를 습득하게 되면 새로운 언어를 배우기 위해 또 다른 제2의 언어 시스템이 필요하다는 것을 말해 줍니다.

영어 발음에도 결정적 시기가 있을까?

언어능력의 민감기를 보여 주는 또 하나의 대표적인 예는 외국어 발음에서도 나타난다. 새들 중에는 알에서 부화한 후 일정 기간 내에 짝짓기 새의 울음소리를 듣지 못하면 그 울음을 학습할 수가 없고, 결국 짝짓기를 영영 못하게 될 수도 있다고 한다.

이와 유사한 현상은 인간에게도 나타난다. 아이가 태어났을 때는 모든 언어의 소리를 구별할 수 있지만, 일정 기간이 지나면 아이의 뇌 신경망은 모국어에 가장 잘 반응하도록 연결된다. 예를 들어 'l'과 'r'의 구분이 잘되지 않는 한국어를 듣고 자란 사람은 나중에 영어를 배울 때 'l'과 'r'의 발음을 정확히 구분하고 발음하는 데 어려움이 있다.

Henry Alfred Kissinger

특히 12세가 지나면 모국어의 억양을 완전히 없애는 것이 더욱 어려워지기 때문에 외국어 발음을 정확하게 구사하는 것이 점점 더 어려워지며, 이러한 현상을 '키신저 효과(Kissinger effect)'라고 한다.

키신저 효과는 독일에서 태어나 15세가 되던 해에 미국으로 이주한 미국의 정치인 헨리 키신저(Henry Alfred Kissinger)가 평생 동안 특유의 독일어 억양을 고치지 못했던 것에 비해, 미국으로 이주할 당시 10세였던 키신저의 동생은 독일어 억양의 흔적이 전혀 나타나지 않았던 것에서 유래되었다.

책 읽기를 통한 어휘력 키우기

책을 능숙하게 읽을 수 있는 아이와 그렇지 않은 아이의 격차는 아이가 초등학교, 중학교, 고등학교로 올라갈수록 커집니다. 미국 미시간 대학교의 심리학과 키스 스타노비치(Keith Stanovich) 교수에 의하면, 읽기에 익숙하지 않은 초등학교 저학년의 경우 1년에 약 10만 단어를 읽고 평범한 아이는 약 100만 단어를 읽지만, 책을 잘 읽는 아이는 무려 1,000만~5,000만 개의 단어를 읽게 된다고 합니다. 일반적으로 책 한 권에 약 5만 단어가 들어 있다고 가정한다면, 읽기에 익숙하지 않은 아이는 1년에 2권의 책을 읽는 것이고, 평범한 아이는 20권, 책을 잘 읽는 아이는 무려 200권에서 1,000권의 책을 읽게 되는데, 이러한 차이는 시간이 갈수록 더욱 격차가 벌어지기 때문에 어려서부터 읽기 능력을 키우는 것이 중요합니다.

아이가 책을 읽으면 뇌에서는 전두연합야, 후두엽, 전두엽, 측두엽 등 많은 영역이 활성화되는데, 이러한 움직임은 양쪽 뇌에서 동시에 나타납니다. 따라서 독서는 좌우뇌를 동시에 활성화시키는 데 매우 효과적인 활동이며, 지식과 감성을 풍요롭게 해 줌과 동시에 전두연합야를 자극하여 독해력과 사고력을 기르는 데 지대한 영향을 미칩니다. 그렇다면 아이의 읽기 능력은 어떻게 키울 수 있을까요?

음독과 묵독을 함께 하기

읽기 능력을 향상시키는 방법으로는 음독과 묵독을 함께 병행하는 것이 좋습니다. 만약 아이가 책을 건성건성 읽는다면 소리 내어 책을 읽게 해 주세요.

어휘력이 부족하고 읽기 습관이 잘 형성되지 않은 아이들은 책을 읽을 때 낯설고 어려운 단어가 나오면 중간중간 단어를 건너 뛰면서 책을 읽기도 합니다. 그렇게 되면 당연히 책을 읽어도 내용을 제대로 이해할 수 없고, 새로운 어휘를 확장할 수도 없으며 독서습관도 나빠지겠죠. 하지만 소리 내어 책을 읽을 때는 상황이 달라집니다. 음독을 하다 보면 중간중간 건너 뛰면서 읽을 수가 없으며, 만약 음독을 할 때 아이가 어려운 단어를 건너 뛰면서 책을 읽는다 하더라도 부모가 옆에서 바로바로 교정해 줄 수 있습니다. 그러니 건성건성 책을 읽는 아이들은 매일 시간을 정해 꾸준히 소리 내어 책을 읽을 수 있게 해 주세요.

뇌의 활동면에서도 소리 내어 책을 읽는 것은 상당히 유익한 면이 많습니다. 소리를 내어 책을 읽으면 대뇌의 70%에 이르는 영역이 활성화됩니다. 음독을 하기 위해서는 가장 먼저 문자를 인식하기 위해 눈으로부터 들어온 정보를 후두엽의 시각야에서 처리한 후, 정보의 종류에 따라 별도의 처리 부위로 전달하게 되는데, 문자의 모양을 처리할 때는 측두엽의 하측두회로, 문장의 의미를 이해할 때는 각회로 정보를 전달합니다. 여기까지의 과정은 소리를 내지 않고 책을 읽는 묵독과 거의 동일합니다. 하지만 소리를 내어 책을 읽을 때는 다시 한 번 자신의 귀로 듣는 행위가 더해지기 때문에 이때 전두엽의 브로카 영역과 운동야가 작동하고, 측두엽의 청각야도 활성화되면서 전체적인 맥락을 파악하는 전두연합야의 활동도 높아집니다.

이처럼 소리를 내어 책을 읽을 때는 대부분의 뇌 영역이 일제히 활동하기 때문에 소리를 내지 않고 책을 읽을 때보다 뇌의 활동이 세 배 정도 활발해지면서 기억력과 집중력이 향상됩니다. 이러한 이유로 뇌의 활성화를 위한 프로그램, 뇌 운동이나 두뇌 훈련, 뇌 체조 등에서 소리 내어 책 읽기를 많이 진행하는 것을 볼 수 있습니다.

그러나 아이의 책 읽기가 음독 위주로만 이루어지는 것은 곤란합니다. 문장을 읽고 이해하면서 의미를 생각하도록 하기 위해서는 음독보다는 묵독이 더 좋습니다. 집중해서 깊이 생각하려면 소리의 방해가 없는 묵독이 훨씬 효과적이기 때문입니다. 음독을 통해 읽기 능력을 키우고 뇌를 활성화시키면서, 묵독을 통해 풍부한 어휘와 사고력을 키워 주세요.

02

수학과 뇌

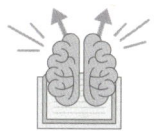

    수학적 사고와 문제 풀이를 할 때 결정적인 역할을 하는 뇌 부위들이 있습니다. 그중에서도 특히 3층 뇌 대뇌피질에 위치한 두정엽은 공간적 사고와 계산능력, 연상이나 추론기능 등을 수행하며 외부로부터 들어오는 숫자나 문자, 단어와 같은 정보를 조합하여 의미나 생각을 만드는 역할을 합니다. '아인슈타인의 뇌'라고도 불리는 두정엽은 '수학과 과학의 뇌'로도 잘 알려져 있으며, 대체로 초등학교 고학년 즈음에 가장 왕성하게 발달합니다. 그래서 대부분의 아이들이 고학년 즈음부터는 논리적 사고와 추상적 개념을 보다 잘 이해할 수 있으며, 이로 인해 어려운 수학 개념이나 과학 원리 등도 원활하게 이해하고 잘 학습할 수 있게 됩니다. 그러나 수학에서 두정엽이 중요한 역할을 한다고 하더라도 두정엽 혼자서는 '수학의 뇌'로서 원활한 기능을 모두 감당해 낼 수 없습니다.

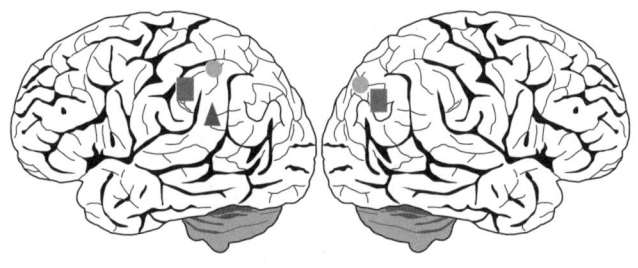

▲ 언어/상징[예] 곱셈, 사실(산술, 사실의 인출)]
■ 수감각(예) 측정과 빼기)
● 공간주의력, 양에 대한 시지각

수학의 뇌, 언어의 뇌 없이는 역부족

덧셈, 뺄셈, 곱셈, 나눗셈 등의 수학문제는 문제 유형에 따라 요구되는 인지적 작업이 다 다르기 때문에 문제마다 각각 다른 뇌 부위가 일을 합니다. 예를 들어 어림잡아 계산하는 근사치 계산을 할 때는 수 감각과 공간 지각을 담당하는 두정엽이 최대로 활성화되지만, 곱셈과 나눗셈처럼 복잡하고 정확한 계산을 할 때는 오히려 전두엽과 해마가 훨씬 더 활성화되고, 암기력이 바탕이 되는 문제에서는 측두엽과 해마가 활성화됩니다. 또 수 개념에 기초하지만 정확한 수의 양감을 인지할 때는 두정엽보다 전두엽이 더 활성화되며, 우리 몸에서 평형을 유지하고 운동기능에 관여하는 소뇌 또한 수학적 사고에 인지 과정이 순조롭게 진행되도록 하는 역할을 합니다. 이처럼 수학문제 하나를 풀더라도 뇌의 많은 영역들이 서로 협력해야만 '수학의 뇌'로서 원활한 기능을 해낼 수 있으며, 특히 수학은 사고력을 요구하는 학습이기 때문에 언어의 뇌와 연결되지 않으면 수학을 잘하기가 어렵습니다.

재원맘
저녁 내내 수학문제집 풀느라 아주 씨름을 했네요 ㅜㅜ
처음에 곧잘 했는데 요즘은 자꾸 요령만 피우고
자꾸만 하기 싫어하니 속상해 죽겠어요 ㅜㅜ

그래서 나는 학원에 보내잖아~
내가 워낙 학교 다닐 때 수학을 못해서
잘 가르칠 자신도 없고, 다른 건 몰라도
수학만큼은 사교육이 꼭 필요해!
한 번 뒤처지면 끝장인거 우리가 겪어봐서 알잖아

재원맘
그러게요. 저야말로 수포자였거든요 ㅜㅜ
우리 애가 나를 닮아서 수학을 싫어하는 것 같아
괜히 미안하기까지 해요.
나 닮았으면 수학 못할텐데 어쩌죠?
학원 레벨 테스트라도 빨리 알아볼까봐요.

지금 웬만한 데는 자리도 없을텐데...
빨리 레벨 테스트 먼저 신청해.
수학머리를 타고 난 애들이야 알아서 척척 하겠지만
우리 애들도 나 닮아서
영 수학머리는 없는 것 같더라구ㅜㅜ

뭐 어쩌겠어. 그럴수록 더 열심히 시켜야지
난 다른건 몰라도 수학만큼은
일찌감치 기본을 다져두려고!!

재원맘
저도요. 웬만하면 사교육 없이 키워보고 싶었지만
도저히 수학만큼은 이대로 안되겠어요 ㅜㅜ
더 늦기 전에 학원에 연락해 봐야겠네요.

그래~
사교육 안한다는 집도 수학은 다 시키더라.
빨리 학원에 연락해봐~

재원맘
ㅜㅜ 네~

나를 닮아서 수학을 못하면 어쩌지?

유독 수학만큼은 '타고난 머리에 달려 있다'고 생각하는 부모들이 많습니다. 특히 부모가 학창 시절에 수학을 못했던 경우에는 이런 생각이 훨씬 더 지배적인 경향을 보입니다. 그래서인지 아이의 학습 계획에 있어 수학만큼은 너무나도 비장한 마음을 품고, 취학 전부터 연산학습에 돌입하거나, 다른 과목은 몰라도 수학만큼은 사교육과 선행학습이 필수적이라 생각하는 부모님들이 많습니다. 그러다 보니 아직 초등학교도 입학하지 않은 아이에게 날마다 풀어야 할 연산문제의 분량을 정해 놓고, 아이와 한바탕 전쟁을 치르곤 합니다. 물론 아이가 자진해서 문제를 풀겠다고 나선다면 굳이 말릴 필요까지는 없지만, 아직 수학적 사고와 개념이 형성되지 않은 대부분의 유아들은 무작정 단순 문제 풀이만 반복하는 공부법을 통해 오히려 일찍부터 수학을 지겨워하고 흥미를 잃을 수 있습니다.

앞 장에서 말씀드렸듯이 공부에는 금과옥조(金科玉條)와 같은 원리가 있습니다. 바로 공부가 재미있어야 공부를 좋아하고, 그래야만 계속해서 공부를 열심히 할 수 있다는 것입니다. 그 어떤 것을 학습하더라도 '아하!' 하며 '배움을 통해 사물의 이치를 깨달아 가는 기쁨'을 맛보지 못하면 아이들은 공부에 흥미를 느낄 수 없습니다. 또 부모 입장에서도 매일 일정한 양의 문제 풀이를 시키는 것이 생각만큼 쉽지 않으므로 잔소리하는 시간이 더 길어지고, 이로 인해 아이와의 관계도 악화일로를 걷게 될 가능성이 커집니다. 무엇보다 가장 안타까운 것은 대다수의 부모님들이 학부모이기 이전에 '공부 선배'로서, '내가 겪어보니 수학은 한 번 뒤처지면 끝장이다'라는 지나친 불안감에 빠져 있기 때문에, 아이에게 부모의 긴장감까지 가중시켜 수학의 중요성을 강조합니다. 사실 수포자는 부모인데, 이제 막 '수학의 세계'로 들어서기 시작하는 아이에게 부모의 긴장과 불안, 수학 콤플렉스를 고스란히 떠넘기는 것입니다. 그러다 보니 많은 아이들이 수학에 흥미를 느끼기도 전에 힘든 과목으로 느끼고 단지 수학 한 과목만 못하는 아이들조차 '나는 공부를 못한다'라고 생각합니다. 또 이런 생각을 하는 아이들은 어려운 문제가 나왔을 때 자세히 읽어보지도 않고 포기할 수 있습니다. 어차피 수학은 재미도 없고, '난 이미 늦었을 것'이라는 생각에 고학년을 지나면서 스스로를 '수학 재능', '수학 머리'가 없다고 판단합니다. 이로 인해 '어차피 노력해도 안 될 것'이라고 단정하며 안타깝게도 많은 아이들이 '수포자의 길'로 들어서게 됩니다. 그런데 과연 그럴까요?

스탠퍼드 대학교 산하 온라인학습사이트 유큐브드(www.youcubed.org)의 공동설립자이며, OECD의 국제학업성취도평가(PISA)팀의 분석가로 활동 중인 조 볼러(Jo Boaler)는 그녀의 저서 '언락(UNLOCK)'을 통해 많은 사람들이 가지고 있는 '수학 머리'에 대한 환상은 편견이라고 지적합니다. 그녀는 '신경가소성이론'을 바탕으로, 인간의 뇌는 타고나는 것으로 결정되는 것이 아니라 경험을 통해 완성해 가는 것이기 때문에, 수학적 능력은 적절한 학습을 통해 얼마든지 개발할 수 있다고 강조합니다. 그렇게 되기 위해서는 우선 학습자 스스로 자신의 뇌가 고정되어 있는 것이 아니라, 무한히 성장할 수 있을 것이라는 '성장 마인드셋(Growth mindset)'을 갖는 것이 그 무엇보다 중요하다고 말합니다.

아이들의 성장 마인드셋에 가장 큰 영향을 미치는 존재는 부모입니다. 아이가 수학을 잘하길 원한다면 가장 먼저 아이 스스로 '나는 잘할 수 있다'는 성장 마인드셋을 갖도록 해야 하며, 부모의 지나친 불안과 긴장으로 인해 아이가 가진 무한한 학습능력을 제한하지 않아야 합니다.

> **머리 탓은 그만! 생각이 문제라고?**
>
> 스탠퍼드 대학교의 심리학자 캐럴 드웩(Carol Dweck) 교수는 인간에게 있어 '지능' 그 자체보다 오히려 자신의 지능을 어떻게 생각하는지에 따라 삶의 결과가 달라진다고 주장하였다.
>
> 그의 연구에 의하면 지능은 '타고난 것이라고 믿는 사람들'은 지능은 '노력으로 얼마든지 변할 것이라고 믿는 사람들'보다 어려운 문제에 봉착했을 때 빨리 포기하는 경향이 있었으며, 자신의 지능에 한계가 있다고 생각하기 때문에 처음부터 해결하기 어려울 것이라 단정하여 문제를 극복할 시도조차 하지 않고 포기한다는 것이다.
>
> 드웩 교수는 이러한 결과를 바탕으로 비슷하게 출발해도 노력 여하에 따라 '지능이 변한다'고 믿는 성장 마인드셋을 가진 아이들이, 머리 탓을 하면서 '지능은 불변한다'고 믿는 아이들보다 더 좋은 성장을 이룬다고 하였다.
>
> 아이의 가치관은 부모로부터 형성된다. 아이가 지닌 무한한 가능성과 잠재력을 발휘할 수 있도록 아이에게 '나는 잘할 수 있다'는 성장 마인드셋을 심어 주도록 하자.

유아기 수학교육에 있어 유념할 점

수학은 추상적 언어 – 수학이 싫다는 것은 머리 쓰기 싫다는 것

고대 그리스에서는 수학자가 곧 철학자였습니다. 아마도 '생각하는 힘'과 '수학적 힘'은 떼려야 뗄 수 없는 관계이고, 예나 지금이나 인간이 수학을 공부하는 이유는 결국 '생각하는 힘'과 '문제해결력'을 기르기 위한 것이므로, 수학을 좋아하고 잘하려면 생각하는 것을 즐길 수 있어야 합니다. 그러나 '수학이 즐겁고 재미있다'는 사람들보다 '수학이 어렵고 싫다'고 말하는 사람들이 더 많습니다. 왜 그럴까요? 그것은 수학이라는 과목이 가진 '추상성' 때문입니다. 예를 들어 강아지, 토끼, 사슴이 무엇이냐고 물으면 우리는 쉽게 머릿속에서 강아지, 토끼, 사슴의 모습을 떠올릴 수 있고, 각각의 특징을 설명할 수 있습니다. 이것은 세상에 구체적으로 실존하기 때문에 설명하는데 어려울 것이 없지만, 이 셋을 모두 통틀어 '동물'이라고 말할 때는 문제가 좀 다릅니다. '동물'이라는 것은 구체적으로 이 세상에 실존하는 것이 아니라, 강아지, 토끼, 사슴 등을 통칭해서 만든 추상적 개념이기 때문입니다. 이처럼 수학은 구체적이지 않고 온통 추상적이기만 한 마치 '동물'과 같은 개념의 세상과 같다고 할 수 있습니다.

이에 대한 예를 좀 더 들어보자면, '숫자 1'의 의미를 떠올릴 때, 누구나 쉽게 꽃 한 송이, 강아지 한 마리, 자동차 한 대를 '하나' 또는 '1'이라고 설명할 수 있지만, '숫자 1'이 무엇인지에 대해 아무 예를 들지 않고 설명하라고 한다면 막막해질 것입니다. 이렇게 수학은 고도로 추상적인 언어이며, 이러한 특성 때문에 기본적으로 쉽지가 않습니다. 그러므로 아이들이 수학을 좋아하게 하려면 이와 같은 '추상적'인 수학을 일상에서 최대한 '구체적'으로 경험할 수 있게 해 줘야 합니다.

구체물을 이용하여 수학적 개념을 알려주세요.

유아기 때는 구체물을 이용하여 많다 vs 적다, 크다 vs 작다, 길다 vs 짧다, 가볍다 vs 무겁다 등의 개념을 먼저 정립한 후에, 1, 2, 3, 4, …, 10, 100, 1000 등과 같은 언어적 개념으로 수와 양을 연결하는 것이 필요합니다. 아이들이 일상에서 바둑알 놀이를 하며 수 세기를 해 보고, 무겁고 가벼운 것을 들어보고, 자신의 키와 엄마의 키를 비교해 보면서 길이를 가늠해 보거나 피자나 과일을 나누어 먹을 때는 전체에 대한 부분(분수)을 눈으로 직접 나눠보고 몸으로 느껴가는 체득과정이 꼭 필요합니다. 만약 이런 과정을 생략한 채 무작정 연산문제 풀기만을 우선시한다면, 아이는 수학적 사고 없이 기계적으로 문제 풀이만 해야 하는 부담을 잔뜩 가지게 될 터인데, 기본적인 개념과 원리에 대한 이해가 충분히 안 된 상태에서는 당연히 계산 자체가 어려우므로, 이런 일이 반복되면 아이는 당연히 수학을 싫어하게 될 것입니다.

'수학이 싫은 아이'는 '머리 쓰기를 싫어하는 아이'이고, 이것은 곧 '사고를 하지 않는 것'을 뜻합니다. '사고의 과정'은 이것이 왜 이렇게 되는 것인지에 대한 '이해'가 전제되어야 하며, 이해가 충분하지 않다면 깊이 있는 사고를 하기가 어렵기 때문입니다. 이러한 경우 아이에게 있어 숫자는 그저 무수히 많은 기호 중의 하나일 뿐이며, 수학은 막연하고 추상적인 존재로 남게 됩니다. 그래서 유아기부터 초등 저학년까지의 수학은 개념을 잘 이해하고, 흥미를 유발하는 데 그 목표를 두어야 합니다.

일상에서 다양한 구체물을 이용해 수학의 개념을 체득한다면, 아이는 그저 막연하고 추상적이었던 수학이 일상생활과 밀접하게 연관된 것이라는 사실을 알게 됩니다. 그렇다고 아이와의 활동을 모두 '학습을 위한 것'으로 채워서는 안 됩니다. 아이와 맛있는 요리를 하기로 해 놓고 부모는 온통 공부를 가르치는 데에만 초점을 맞추면, 아이는 금세 "요리는 그저 허울뿐"이라는 것을 느끼며, 결국에는 놀이 자체에도 흥미를 잃을 것입니다. 자연스럽게 생활 속 다양한 기회들을 적절히 활용하는 것은 아주 유용한 방법일 수 있지만, 그것이 '놀이를 가장한 학습'이 되어서는 안 될 일입니다.

수학을 표현하게 해 주세요.
아이가 수학 활동을 이야기나 글, 그림 등 다양한 방법으로 표현할 수 있게 해 주세요. 아이가 알게 된 개념들을 수학과 관련 있는 용어로 바꾸어 설명하는 과정을 거치면서 수학과 언어의 통합, 수학과 미술의 통합이 이루어집니다. 재미있는 수학 동화를 활용하거나, 그래프, 사진, 지도나 기호 등을 활용해서 아이 수준에 맞는 다양한 수학 자료를 만들어 보는 것도 좋습니다. 이러한 시각적 자료들은 개념을 더 잘 이해하게 도와주고, 다양한 패턴을 이해하기 위해 수행되는 많은 양의 정보처리를 감소시켜 주기 때문에, 아이의 뇌가 그만큼 쉽고 빠르게 학습합니다.

손가락 사용을 허용해 주세요.

초등학교 저학년까지는 아이들이 계산을 할 때 손가락을 사용해도 괜찮습니다. 얼핏 손가락을 사용하면 암산 능력에 방해가 될 것이라 생각할 수도 있지만, 아이들은 언어로 숫자 3을 말하면서 손으로는 손가락 세 개를 세어보는 것과 같은 활동을 통해 실수의 개념을 익히고 일대일 대응을 하면서 점차적으로 암산 능력을 갖추게 됩니다. 종종 손가락을 사용해서 계산하면 마치 지능이 떨어지거나 유아적인 행동이라고 여기는 경우가 있는데 이는 잘못된 생각입니다. 아이가 사물의 이치를 깨달아 가는 과정에서 몸이나 물건을 사용하는 구체적인 방법을 쓰는 것은 자연스럽고 반드시 거쳐야 하는 발달 과정입니다.

연산능력을 길러주세요.

덧셈, 뺄셈, 곱셈, 나눗셈 등 사칙연산은 수학을 공부하는 동안 빠지지 않고 등장하는 것이기에 개념 이해와 더불어 꼭 갖추어야 할 것이 계산력입니다. 연산능력은 정확성과 신속성을 갖출 수 있게 해 주므로 아이에게 연산능력이 생기면 계산하는 시간을 줄이고, 계산할 때 실수를 하는 일이 적어지면서 이로 인해 아이는 수학에 더욱 자신감을 가질 수 있게 됩니다. 하지만 저학년 아이가 연산문제를 집중해서 푸는 것이 결코 쉽지 않으므로 빨리 풀지 못한다고 야단을 치거나 하기 싫다는 것을 억지로 시키는 것은 좋지 않습니다. 그렇게 되면 아이는 수학을 점점 더 싫어하고 자신감마저 잃을 수 있습니다. 취학 시기에는 아이가 힘들어하지 않을 만큼 적당한 과제를 주고, 학년이 올라가면서 그 수준과 양을 조금씩 늘려가는 것이 좋은 방법입니다.

쉬운 문제부터 단계적으로

대부분의 부모들은 '어려운 수학문제를 잘 풀면 쉬운 문제는 저절로 잘 풀 수 있다'고 생각합니다. 그런데 이것은 반은 맞고 반은 틀린 생각입니다. 한 단원을 깊이 있게 이해하려면 쉬운 문제부터 어려운 문제까지 단계적으로 풀어봐야 합니다. 실제로 어려운 문제 위주로 공부한 아이들에게 쉬운 문제를 풀게 하면, 오히려 어떻게 풀어야 할지 몰라 당황해 하기도 하고 실수도 많이 합니다. 아이들의 기본실력을 탄탄하게 다지려면 먼저 쉬운 문제부터 차근차근 단계적으로 문제의 수준을 올려주는 것이 좋습니다. 그러나 너무 쉬운 문제만 풀게 하면 금세 지루함을 느낄 수 있습니다. 아이의 수준을 고려하면서 단계적으로 문제의 난이도를 높여가되, 적절한 시점에서는 아이가 자신의 수준보다 조금 더 어려운 문제에 도전할 수 있게 해 주는 것이 좋은 방법입니다. 무엇보다 수학에 자신 없어 하는 아이, 수학을 싫어하는 아이라면 쉬운 문제부터 시작해서 점차 자신감을 높여가는 것이 우선입니다.

'문장 쪼개 읽기'를 통해 이해력을 높여 주세요.

종종 문제를 읽어보고 파악하기도 전에 습관적으로 계산부터 하려는 아이들이 있습니다. 특히 취학 전부터 연산학습 위주로 공부한 아이들 중에는 수학은 곧 '숫자'이고, '계산'이라는 선입견을 가지게 된 아이들이 있습니다. 이 아이들은 저학년까지는 그나마 단순한 문제들이 많기에 그럭저럭 학습을 해나가지만, 학년이 올라가면서 점점 문장이 길고 복잡한 서술형 문제를 만나면 힘들어합니다. 그래서 문장이 긴 서술형 문제가 나오면 자세히 읽어보고 문제의 의도를 파악하기도 전에 포기해 버립니다.

수학을 잘하려면 문제가 요구하는 의도를 정확하게 파악할 수 있어야 하며 문제를 잘 파악하기 위해서는 문장을 쪼개 읽는 훈련이 도움이 됩니다. '문장 쪼개 읽기'는 문장을 문구나 의미 단위로 끊어 읽으면서 내용을 분석하고 이해하는 방법을 말합니다. 그러나 이러한 모든 것이 하루아침에 이루어지는 것이 아니므로 아이가 고학년이 되어도 수학을 좋아하고 잘하게 하려면 어릴 때부터 평소에 책을 꾸준히 읽어 주도록 하여 문장을 이해하는 능력을 기르고 높여 주어야 합니다.

유명 학원의 딜레마

많은 부모님들이 다른 과목은 몰라도 수학만큼은 꼭 사교육이 필요하다고 생각합니다. 그래서인지 최근에는 사교육을 받는 아이들의 연령이 점점 낮아져 5~6세 즈음이면 아이에게 연산문제를 풀게 하거나, 7세가 되면 수학학원을 찾아다니는 것은 물론이며, 심지어는 초등학교도 입학하지 않은 이 또래 어린아이들을 대상으로 레벨테스트가 성행하고 있습니다. 이런 현상 때문인지 대부분의 수학학원은 '수학을 잘하는 아이들'을 중심으로 운영되고 있습니다.

학원을 찾는 가장 큰 이유는 '배움'이 목적일 텐데, 대한민국의 많은 학원들은 '잘하는 아이들'을 중심으로 교육이 이루어지기 때문에, 막상 수학이 어려워서 전문적인 도움이 필요한 아이들이 섣불리 수학학원을 찾았다가 도움은커녕 창피함을 느끼거나 오히려 의욕마저 꺾여버리는 안타까운 상황에 처하기도 합니다. 그러므로 사교육을 시작하기 전에는 먼저 아이와 함께 최대한 목표 설정을 분명하게 해야 합니다. 물론 아이가 아직 어리기 때문에 계획과 목표는 수시로 달라질 수 있겠지만, 그때그때의 상황에 맞게 사교육이 필요한 이유에 대해 부모와 아이 모두 교육 목적을 분명히 해 둘 필요가 있습니다. 예를 들어 바이올린을 배울 때도 '음악을 즐기고, 악기 하나쯤은 연주할 수 있으면 좋겠다'는 목적과 바이올린을 전공해서 '앞으로 바이올리니스트가 되겠다'는 목적과는 엄청난 차이가 있듯이, 수학학원을 선택할 때도 목표를 분명히 해 두지 않으면 사교육의 도움은커녕 아이의 의욕마저 잃게 만들 수 있습니다. 아이마다 사교육을 찾는 이유는 다양하겠지만 이제 막 초등학교에 입학하는 아이들에게는 그 어느 때보다 아주 자세하고 친절한 지도가 필요합니다.

특히 학교 교과과정에 맞는 수학적 사고와 스킬을 잘 갖추게 하는 것이 목표라면 영재반, 심화반 등을 만들어 오로지 수학 잘하는 아이를 '선별'하는 것에만 집중하는 학원이 아닌, 기본적인 교과과정과 내 아이의 수준에 맞는 교육이 잘 진행될 수 있는 학원을 선택해야 아이가 도움을 받을 수 있습니다. 수학은 단계와 단계가 고리처럼 연결된 일종의 고리학습이므로, 앞 단계를 정확하게 이해하지 못하면 다음 단계가 잘 안 되는 구조를 가진 학문입니다. 그러므로 수학학습에 있어 가장 중요한 부분은 선행학습이나 경시대회가 아니라 배운 것을 제대로 익혀서 학습결손이 일어나지 않도록 하는 것입니다.

― Special Column ―

수학의 뇌가 쑥쑥

　수학을 잘하는 아이들의 공통점은 수와 공간에 대응하는 능력이 뛰어나며, 수학의 여러 분야에서 직관력이 뛰어나다. 이런 능력을 관장하는 뇌의 영역은 두정엽과 소뇌이다. 아이의 뇌가 연산에 익숙해지면 뇌의 전전두엽은 두정엽으로 연산능력을 보내고, 소뇌는 학습의 인지 과정이 순조롭게 진행되도록 하는 역할을 한다. 그러므로 어릴 때부터 두정엽과 소뇌를 자극하는 활동을 자주하는 것이 좋다. 구체물을 이용해서 수를 세어보거나 크기나 무게, 길이나 양의 개념을 습득할 수 있는 놀이, 레고와 같은 블록놀이 등을 통해 공간 감각을 키워주는 놀이는 아이의 두정엽을 활성화시킨다.

　소뇌의 발달에 가장 좋은 방법은 몸을 움직이는 운동이며, 손가락을 사용하는 방법, 특히 악기를 연주하는 것이다. 캐나다 신경외과 의사 와일드 펜필드(Wilder Penfield) 박사는 뇌와 신체 각 부위의 연관성을 지도로 만든 '호문쿨루스(Homunculus)'를 발표했다. 다음의 뇌지도를 살펴보면, 손을 관장하는 뇌의 영역은 대뇌피질에서 가장 넓은 면적을 차지하고 있으며, 신체 각 부위의 기

— Special Column —

능을 관장하는 운동중추에서도 손이 차지하는 면적이 30%에 달한다.

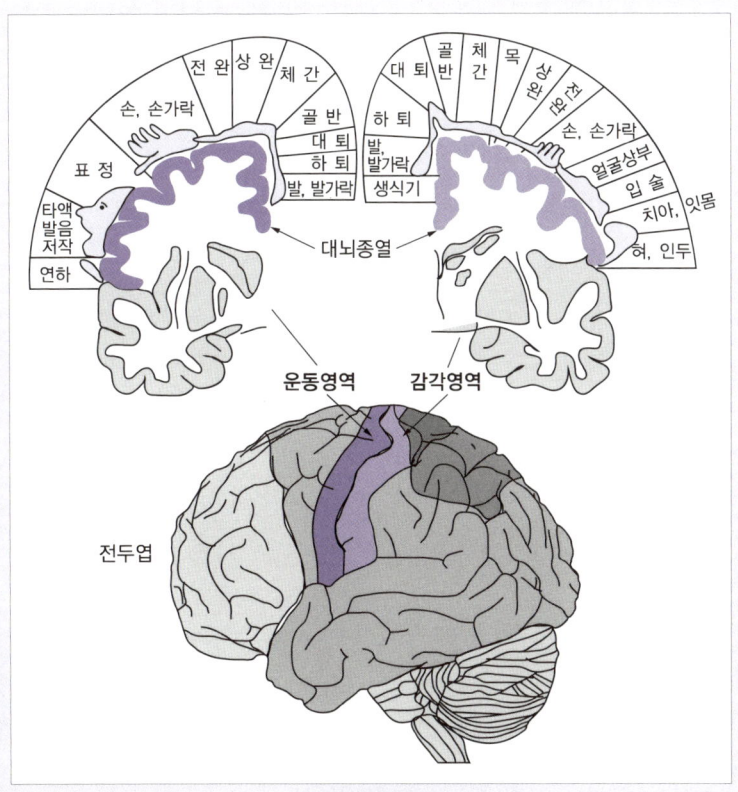

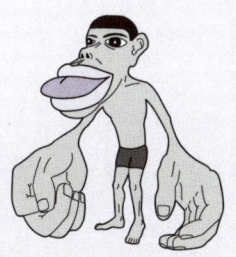

― Special Column ―

운동의 정밀도와 복잡성에 따라 대뇌피질의 크기가 달라질 수 있다는 사실을 감안한다면, 손을 사용하는 것이야말로 뇌를 발달시키는 것이라 해도 과언이 아닐 것이다. 특히 악기 연주와 수학이 밀접한 관계가 있다는 것은 이미 널리 알려져 있는 상식인데, 악기를 연주하면 대뇌피질의 운동영역뿐 아니라 기저핵과 소뇌까지 활발하게 움직이기 때문이다.

바이올린과 피아노를 즐겼던 아인슈타인 또한 스스로 과학자가 되지 않았으면 음악가가 되었을 거라 말했을 만큼 악기 연주를 즐겼다고 하는데, 연구에 의하면 6개월 이상 피아노를 배운 아이들은 피아노를 전혀 배우지 않은 아이들보다 그림 조각 맞추기 능력이 34%나 향상되었으며, 또 미국대학입시위원회의 발표에서도 악기를 연주할 줄 아는 학생들의 SAT 점수가 악기 연주를 전혀 하지 못하는 학생들보다 언어, 수학 분야에서 유의미하게 높은 것으로 나타났다.

독서를 통해 수학의 뇌를 자극하자

수학에 있어 계산능력은 기본이지만 이것만으로 수학을 잘할 수는 없다. 수학을 잘하려면 개념과 원리를 이해하고 사고력과 분석력, 논리력을 함께 발휘해야 한다. 그래서 수학을 잘하려면 독서력이 좋아야 한다. 특히 문장이 길고 복잡한 서술형 문제의 경우 간단하게 답만 쓰는 것이 아니라 풀이과정까지 상세히 기록해야 하는데, 문제 풀이는커녕 문제가 의도하는 것이 무엇인지 갈피를 못 잡는 경우도 많다 보니, 독서력이 약한 아이들은 문장이 긴 서술형 문제가 나오면, 자세히 읽어보지도 않고 포기하는

― *Special Column* ―

경우가 많다. 그나마 저학년에서는 단순한 문제가 많아 그럭저럭 문제를 풀 수 있다 하더라도, 학년이 올라가면서 사고력을 요구하는 문제의 비중이 커지면 미리 독서를 통해 풍부한 어휘와 사고력을 키우지 못한 아이는 어려움에 봉착하게 된다. 아이가 책을 읽으면 뇌에서는 전두연합야, 후두엽, 전두엽, 측두엽 등 수학에 관여하는 뇌의 많은 영역이 활성화된다. 따라서 독서를 하면 할수록 아이의 뇌가 활발한 자극을 받게 된다.

무엇보다 독서는 오랜 세월 축적될수록 더욱 큰 힘을 발휘하기 때문에 어릴 때부터 독서력을 키워 수학적 사고의 기틀을 만드는 것이 중요하다.

03

기억력과 뇌

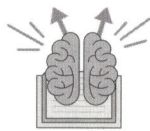

기억에는 다양한 유형이 있고 각각의 기억은 서로 다른 뇌 영역이 담당합니다. 그리고 기억의 지속시간에 따라서 감각기억(sensory memory), 단기기억(short-term memory), 장기기억(long-term memory)으로 나눌 수 있습니다.

감각기억(sensory memory)은 어떠한 정보가 지각된 최초의 순간에 기억되는 것으로, 오감을 통해 입력된 자극들이 마치 스냅샷(snapshot)과 같이 순간적으로 저장된 후 매우 짧은 시간 동안만 유지되는 기억입니다. 감각기억이 유지되는 부위는 여러 감각수용기와 뇌간, 변연계, 시상 등으로 알려져 있습니다. 단기기억(short-term memory)은 정보를 조직하는 일시적인 단계로서 새로운 정보를 어떻게 조직하고 보관하고 버릴 것인가 결정하는데, 가장 핵심적인 역할을 하는 부위는 변연계에 속해 있는 해마이며, 해마는 단기기억을 장기기억으로 전환하는 역할을 담당합니다. 마지막으로 장기기억(long-term memory)은 어떠한 정보가 뇌에 입력된 후 안정적이고 거의 영구적인 상태로 저장되는 기억을 의미하는데, 주로 대뇌피질에 속해 있는 측두엽에 저장됩니다.

아이들이 공부를 잘 하려면 학습한 것이 장기기억으로 잘 저장되어야 하는데, 무조건적으로 달달 외우기만 한 정보들은 대부분 '단기기억'으로 저장되기 때문에 2주에서 한 달이면 잊어버리게 됩니다. 그렇다면 학습한 정보들을 최대한 장기기억으로 저장시키려면 어떻게 해야 할까요?

뇌가 중요하다고 인식해야 오래 기억합니다.

외부로부터 들어온 정보 중 어떤 것을 저장할 것인지, 또 어떤 것을 폐기할 것인지는 해마의 활동에 달려 있습니다. 해마는 꼭 필요하다고 판단되는 중요한 정보를 선택하여 장기기억으로 전환시키는 역할을 하는데, 해마가 가장 우선적으로 중요하다고 판단하는 정보는 당연히 '생존'과 관련된 정보입니다. 예를 들어 '퀴퀴한 냄새가 나는 주스를 마시면 배가 아프다'라든가, '팔팔 끓는 주전자를 만지면 화상을 입는다' 등의 정보는 생존과 관련된 정보이기에 가장 우선적으로 저장되고 오래도록 잊혀지지 않습니다. 이러한 이유로 아주 어렸을 때 자장면을 먹고 급체한 적이 있다면, 어른이 되어서도 자장면을 먹지 않을 수도 있습니다.

반면에 '우리나라에서 서울 올림픽이 개최된 해는 1988년이다'라든가 '태양은 지구로부터 1억 4960만km 떨어져 있고, 그 지름은 약 139만 2천km이며, 태양의 크기는 지구의 109배이다'와 같은 정보는 생존과는 직접적인 관련이 없기 때문에 뇌의 관점에서 본다면 앞서 자장면을 먹고 급체했던 기억처럼 오랫동안 저장할 필요가 없는 정보입니다. 그런데 문제는 아이가 학습을 통해 얻게 되는 정보의 대부분이 이렇게 생존과는 직접적인 관련이 없는 정보라는 것입니다. 그래서 아이의 뇌는 학습한 것을 반드시 저장할 필요를 느끼지 못합니다. 그러므로 학습한 것을 오래 기억하려면 '이 정보는 내게 매우 중요한 정보'라는 것을 뇌에게 알려줘야 합니다.

복습의 골든타임

그렇다면 학습한 것이 중요한 정보라는 것을 뇌에게 어떻게 알려줘야 할까요? 가장 기본적인 방법은 같은 정보를 반복적으로 해마에 보내는 것입니다. 즉, 공부한 내용을 여러 번 복습함으로써 해마가 이것을 중요한 정보라고 생각하게 만드는 것입니다. 해마는 뇌에 들어온 정보를 길면 한 달 정도의 저장기간을 거친 후에 그것이 중요한 정보인지 아닌지를 결정합니다. 이때 중요하지 않다고 판단되는 정보는 폐기해 버리기 때문에 복습을 하지 않으면 학습했던 정보는 빛의 속도로 날아가 버립니다.

　인간의 기억에 대해 연구했던 독일의 심리학자 헤르만 에빙하우스(Hermann Ebbinghaus)는 기억이 어떤 조건에서 획득되고, 그것이 얼마나 오래 지속되는지, 망각을 일으키는 요인은 무엇인지에 대한 연구를 하면서 시간경과에 따른 망각량을 측정하여 도표로 작성하였습니다. 이 도표를 '에빙하우스의 망각곡선'이라고 하며, 이 도표에 따르면 학습 직후부터 망각은 매우 급격하게 일어납니다. 특히 학습 직후 20분 내에 41.8%가 망각되었습니다. 또한 에빙하우스는 학습된 내용을 오래도록 기억하기 위해서는 반복학습을 해야 하고, 시간 간격을 두고 규칙적으로 여러 번 수행하는 분산학습이 효과적이라고 하였습니다.

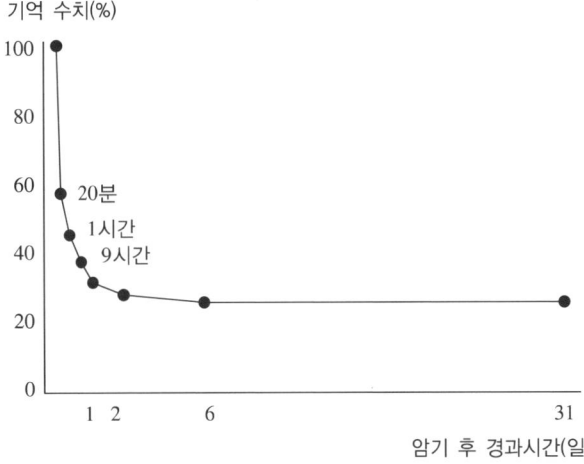

┃ 에빙하우스의 망각곡선

그렇다면 복습은 언제 해야 효과적일까요?

도표에서와 같이 학습 후 하루 사이의 망각률이 가장 높기 때문에, 그날그날 학습한 것들이 잊혀지기 전 24시간 안에 배운 내용을 복습함으로써 장기기억으로 저장되는 비율을 높일 수 있으며, 그 이후의 복습주기에 대해서는 학자마다 약간의 차이가 있기는 하지만 대체로 일주일 후에 한 번, 2주일 후에 한 번, 그 후 1개월 후에 한 번이라는 시간 간격을 두고 여러 차례 복습을 한다면 학습한 것들이 거의 영구적으로 저장되어 언제든 사용할 수 있는 지식과 기억으로 남는다고 합니다.

입력한 것을 출력하기

복습을 통해 반복적으로 아이들의 뇌에 '이것이 중요한 정보'임을 주지시키는 방법은 아주 기본적인 방법에 불과합니다. 따라서 이보다 좀 더 확실하게 기억을 공고히 하는 방법이 필요합니다. 이럴 때 생각해 보아야 할 것이 있다면, 우리 뇌는 사용 빈도에 따라 '중요한 정보'와 '중요하지 않은 정보'를 구분한다는 것입니다. 쉽게 말하면 자주 사용하는 정보들은 뇌에서도 '꼭 필요한 정보'로 인식하여 단기기억이 아닌 장기기억으로 저장하게 되지만, 한번 입력한 이후로 다시 출력하지 않는 정보들(**어차피 자주 사용하지 않는 정보들**)은, '중요하지 않은 정보'라고 판단하여 굳이 장기기억으로 보관할 필요를 못 느낀다는 것입니다. 그러므로 기억을 공고히 하기 위한 가장 좋은 방법은 '출력'입니다. 즉, 학습한 내용을 어떻게든 밖으로 꺼내서 사용하는 것이 중요하다는 것입니다. 큰 소리로 암창을 하는 것도 좋고, 토론이나 발표를 하는 것도 좋고, 질문하기나 글쓰기 등으로 학습한 내용을 요약해 보는 방법들도 좋습니다. 그 어떤 방법이든 입력한 정보를 자주 출력하는 것이 도움이 되며, 특히 누군가에게 직접 정보를 전달하는 방법, 즉 다른 사람을 가르치는 활동은 학습한 것을 출력하는 데 있어 가장 효과적인 방법으로 알려져 있습니다.

아이가 선생님이 될 수 있게 해 주세요.

다음 그림처럼 레윈(Lewin)의 '학습피라미드'를 살펴보면 여러 가지 학습법 가운데 가장 효과가 적은 것은 가장 위층에 있는 '수업 듣기'입니다.[18] 가만히 앉아서 누군가가 가르치는 것을 듣고 있는 것은 학습 효율이 5%에 불과합니다. 반면에 가장 학습효과가 좋은 것은 맨 아래층에 있는 '가르치기'인데, 다른 사람을 가르치는 것의 효율성은 무려 90%에 달합니다.

---

18) 학습피라미드 : 미국 MIT 대학 사회심리학자 레윈이 설립한 행동과학연구소에서 효과적인 학습방법에 대한 연구 결과를 발표한 이론

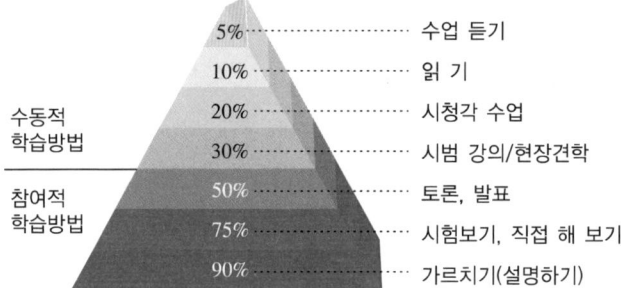

굳이 학습피라미드의 예를 참고하지 않더라도 가르치기의 효과는 많은 사람들이 경험해 보았을 것입니다. 어떠한 정보를 나 혼자 알고 있으면 금세 잊어버리고 말지만, 다른 누군가에게 알려 주어야 할 때는 설명하려는 내용을 더욱더 정확하게 기억해야 합니다. 또 다른 사람에게 설명했던 내용들은 '가르치기' 효과를 통해 결과적으로 머릿속에 오랜 기억으로 남게 됩니다.

아이에게 "이제부터는 네가 엄마의 선생님이야.", "선생님은 자기보다 아는 것이 적은 학생을 가르쳐야 하니까 쉽고 재미있게 설명해야 해."라고 이야기해 보세요. 만약 아이가 중요한 부분을 빠뜨리고 넘어간다면 "선생님! 질문 있어요."라고 하며 아이가 중요한 내용을 잘 이해할 수 있게 안내자 역할을 할 수 있겠지요.

퀴즈나 쪽지시험을 활용하세요.
'가르치기'와 함께 '시험보기'는 많은 학자들이 한결같이 지지

하는 기억 전략인데, 학습에서 시험을 자주 보는 것이 효과적이라고 하여, 이를 '시험효과(testing effect)'라고 합니다.

2006년 워싱턴 대학교에서 학생들에게 과학 에세이를 읽게 한 후 한 그룹의 학생들에게는 에세이를 반복학습 하도록 했고, 또 다른 그룹의 학생들에게는 반복학습 없이 즉시 시험을 보도록 했습니다. 그리고 이들을 다시 세 그룹으로 나누어 한 그룹은 5분 후에 최종 시험을 실시하고, 두 번째 그룹은 2일 후에, 세 번째 그룹은 일주일 후에 최종 시험을 실시했습니다. 5분 후에 시험을 봤을 때의 결과는 중간에 시험을 보았던 학생들보다 반복학습을 한 학생들이 조금 더 성적이 좋았습니다. 하지만 이틀 후 실시한 시험 결과 점수에서는 완전히 역전이 되었는데, 반복학습을 한 학생은 거의 절반의 내용을 잊어버렸지만, 중간에 시험을 본 학생들은 거의 내용을 잊지 않았습니다. 일주일 후 두 그룹의 차이는 더욱 심해졌습니다. 반복학습을 한 학생들은 내용의 40% 정도밖에 기억을 못 했지만, 시험을 보았던 학생들은 내용의 60% 정도를 기억했습니다.

2007년에 실시한 대학생들을 대상으로 한 연구에서도 30회 이상의 실험 결과에서 학생들의 성적에 가장 도움이 되는 것은 '퀴즈'라는 것이 밝혀졌습니다. 또 다른 연구에서는 중간에 시험을 한 번 보는 것보다 세 번을 보았을 때 장기기억 효율이 14% 상승하는 것으로 나타났습니다.

아이에게 퀴즈나 간단한 쪽지시험을 보게 하는 것은 공부한 내용을 밖으로 출력함으로써 장기기억으로 정착하도록 하는 좋은 방법입니다. 그뿐만 아니라 시험을 통해 내가 무엇을 알고 무엇을 모르는지에 대한 객관적인 파악이 가능해지므로 '메타인지능력'까지 높일 수 있습니다.

기억력 향상을 위한 9가지 Tip

1. 유사한 것끼리 모둠으로 묶어서 기억하세요.

이 방법은 기억해야 하는 내용을 모둠으로 묶어서 기억하는 방법입니다. 예를 들어 우유, 비행기, 원숭이, 체육복, 오렌지 주스, 버스, 호랑이, 반바지를 기억해야 한다면, 이 항목을 그대로 기억하는 것보다, 음료 – 우유와 오렌지 주스 / 옷 – 체육복과 반바지 / 교통 – 버스와 비행기 / 동물 – 원숭이와 호랑이 / 이런 식으로 아이가 기억해야 할 것들 안에서 유사성을 찾아 모둠별로 기억하는 연습을 하게 해 주세요.

2. 스토리텔링으로 기억하세요.

예를 들어 아이와 함께 마트에 갈 때 오늘 장 볼 것은 사과, 돼지고기, 빨래 세제, 고무장갑, 우유, 행주, 아이스크림이라고 알려 주면서 아이와 함께 재미있는 이야기를 만들어 보는 것입니다. "옛날 옛날에 (사과)를 좋아하는 (돼지)가 살았는데, (빨래)

를 하려고 (고무장갑)을 끼다가 그만 옆에 있는 (우유)를 쏟아서 (행주)로 깨끗이 닦은 다음에 (아이스크림)을 먹었답니다." 다소 엉뚱하더라도 낱낱이 떨어진 정보들을 무작정 외우는 것보다 기억해야 할 정보들을 연결해서 재미있는 이야기를 만들어 본다면 훨씬 쉽게 기억할 수 있고 상상력도 풍부해질 것입니다.

3. 순서대로 외워야 할 때는 운율을 넣어보세요.

학습내용 중에 순서를 지켜 외워야 할 내용이 있다면 익숙한 동요에 가사를 변경해서 외우는 방법이 좋습니다. 구구단을 외울 때 동요구구단을 부르며 외우거나, 조선시대 왕의 이름을 순서대로 기억할 때 '태정태세 문단세~' 초성을 따서 운율에 맞춰 외웠던 것처럼 해 보세요. 운율은 완전히 관련 없어 보이는 항목들을 운문 같은 패턴으로 이어 줍니다. 만약에 기억하는 순서가 틀려지면 운율 자체가 파괴되기 때문에 아이는 곧바로 어색함을 느낄 것입니다. 이처럼 학습내용에 운율이 더해지면 명확한 순서를 설정하고 기억하는 데 아주 유용해집니다.

4. 심상을 이용해서 기억하세요.

아이에게 아파트 놀이터에 있는 놀이 기구가 모두 몇 개냐고 물어본다면 아이는 눈을 감고 머릿속으로 놀이터를 떠올릴 것입니다. 그리고 놀이 기구의 수는 물론이고 위치나 특징까지도 생생히 기억해 낼 것입니다. 이렇듯 시각적인 심상은 기억에 강력하게 작용하기 때문에 아이와 함께 기억해야 할 내용들을 이미지로 떠올려 생각해 보세요.

하버드 대학교 스티브 코슬린(Steve Kosslyn) 교수에 의하면 사물의 형상을 머릿속에 그릴 때 활성화되는 뇌 영역과 사물을 직접 볼 때 활성화되는 뇌 영역이 3분의 2 정도가 겹친다고 합니다. 사물이나 상황에 대한 심상을 만들게 되면, 실제로 시각적인 경험을 하는 것과 거의 같은 과정이 뇌에서 이루어지는 것으로 볼 수 있습니다.

5. 온몸을 동원해 기억하세요.

오스트리아의 정신의학자 프로이트(Sigmund Freud)는 라틴어와 그리스어를 공부하면서 단어를 외울 때 손으로 벽을 두드리며 온 집안을 돌아다녔다고 합니다. 프로이드뿐만 아니라 누구나 이런 경험이 있을 것입니다. 얼핏 생각하면 산만하게 느껴질 수도 있겠지만 우리 몸의 여러 감각기관을 동원할수록 하나의 개념이 넓은 의미망 속에 엮이게 되어 그 개념에 접근하는 통로가 많아지기 때문에 학습된 내용을 기억할 가능성이 더욱 커집니다. 예를 들어 소리 내어 책 읽기, 귀로 듣는 내용을 손으로 받아쓰기, 박자에 맞춰 손뼉을 치며 단어 외우기 등 2개 이상의 복수 회로를 형성하며 학습을 하면, 나중에 기억을 재생할 때 하나의 회로가 막혀도 다른 회로가 열려 있으므로 쉽게 기억해 낼 수 있다는 것입니다. 또한 감각기관이 많이 동원될수록 아이들의 뇌가 활성화되는 범위도 그만큼 넓어집니다. 온몸으로 학습할 수 있는 다양한 아이디어를 찾아 즐겁게 학습하며 뇌의 활성화 범위를 넓혀 주세요.

6. 시각자료를 이용하세요.

뇌의 뉴런 중 약 30%가 시각 처리에 이용되는 반면, 촉각에는 8%, 청각에는 고작 3%만 이용된다고 합니다. 아이들은 특히 이미지로 생각하기 때문에 공부할 때 그림자료나 그래프, 지도 등을 활용하면 더 많은 내용을 기억할 수 있습니다. 학습심리학에서는 이것을 '그림 우월성 효과(picture-superiority effect)'라고 하는데, 말이나 문자보다는 그림이나 사진이 더 잘 기억된다는 것입니다.

일상생활에서도 온라인 수업과 과제를 하루나 일주일 단위의 계획표로 작성해서 벽에 붙여 두거나, 수첩이나 포스트잇에 해야 할 일을 적어 잘 보이는 곳에 놓고 자주 체크하는 것도 이와 같은 효과에 해당합니다. 이처럼 학습한 내용을 시각적으로 조직화하는 것은 한정된 뇌 에너지를 효율적으로 활용할 수 있는 매우 좋은 방법입니다.

7. 기억과 감정을 연계하세요.

아이의 뇌는 하나의 정보를 처리할 때 그와 연결된 다양한 느낌이나 판단을 함께 처리합니다. 뇌가 정보의 중요성을 결정할 때 정보에 대한 개인적인 판단이나 느낌까지 고려한다는 것입니다. 그래서 불필요한 것을 공부한다고 생각되거나, 다음 주 시험 보는 날까지만 잘 기억하면 된다고 생각하는 정보들은 쉽게 폐기해 버리지만, 정서적으로 중요하다고 느끼는 정보들은 아이의 뇌를 강하게 자극하여 오랫동안 보존됩니다. 이러한 이유로 따분하거나 불편한 상황에서는 아이들의 기억력이 떨어지고, 호기심을 자극하는 새로운 상황에서는 집중력과 기억력이 높아지는 것입니다.

아이의 기억력이 정서에 영향을 많이 받는 이유는 기억을 담당하는 해마와 감정을 담당하는 편도체가 아주 가까이에 위치하고 있기 때문입니다. 구조적으로 인접해 있다는 것은 그만큼 서로 영향을 주고받기 쉽다는 것이며, 학습내용이나 상황에 따른 느낌이 강렬할 때 편도체는 바로 옆에 있는 해마에 '이 정보를 꼭 기억하라'는 메시지를 보냅니다. 그래서 구구단을 외울 때 엄마와 함께 불렀던 노래의 흥겨움이나, 게임과 놀이를 하며 즐거웠던 기억, 일본이 우리나라를 침략한 역사를 배우며 느꼈던 분노와 같은 강렬한 기억이 동반된 정보가 오래 기억되는 것입니다.

8. 아침밥은 꼭 먹어야 합니다.

앞서 언급했듯이 뇌는 잠을 자는 동안에도 에너지를 소비하기 때문에 아침에는 뇌의 연료인 포도당이 거의 고갈된 상태입니다. 따라서 단백질을 포함한 균형 잡힌 아침식사를 통해 아이의 뇌에 포도당을 공급하고, 기억과 학습에 관여하는 신경전달물질인 아세틸콜린(acetylcholine)을 채워주어 기억력을 높이는 데 도움을 주어야 합니다.

학습과 기억에 있어서 아세틸콜린이 중요한 이유는 해마와 깊은 연관이 있습니다. 해마는 아세틸콜린을 생성하는 부위와 시냅스로 긴밀하게 연결되어 있기 때문에 아세틸콜린이 부족하면 해마의 활동도 둔해집니다. 이와 함께 아세틸콜린은 지나친 흥분을 억제시키고 깊은 수면을 유도하거나, 뇌에 기억을 저장하고 주의를 집중하도록 돕는 역할도 담당하므로, 아세틸콜린이 부족하면 기억력과 집중력, 판단력이 저하됩니다. 콩이나 두부, 달걀 등에는 아세틸콜린의 전구체인 콜린이 많이 함유되어 있는데, 특히 달걀노른자에 있는 레시틴은 기억력을 높이는 대표적인 음식입니다.

9. 잠은 기억의 보약입니다.

해마는 수면 중에 낮 동안 학습한 정보를 기억시키고, 기억된 정보를 정리하면서 정보 간에 모순이 없는지 체크합니다. 따라서 학습한 후에 잠을 자지 않으면 해마가 정보를 충분히 점검하거나 효율적으로 정리하지 못하게 되어 낮 동안 학습한 정보를 '단편적이고 연결되지 않는 것', '가치가 없는 것'이라고 판단해 버릴 수 있습니다. 그러므로 학습한 내용을 기억으로 다지려면 충분한 수면을 취하는 것이 중요합니다. 이러한 이유로 시험 전날 밤을 새워 벼락치기로 한 공부는 간신히 이번 시험을 잘 치르게 하는 역할을 할 수는 있겠지만 결국 잊어버리게 되어 결과적으로 학습능력에는 크게 도움이 되지 않습니다.

해마는 아이들이 잠을 자는 동안에 학습된 정보가 기억에 남을 수 있도록 열심히 일을 합니다. 아이들의 학습능력과 기억력을 향상시키려면 가장 먼저 충분한 수면이 필요합니다.

04

집중력과 뇌

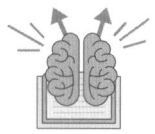

　집중력이란 한 가지 일에 관심을 몰두하는 상태, 즉 여러 가지 많은 자극 중에서 중요하다고 생각하는 것에 연속적으로 주의를 기울일 수 있는 정신적인 힘을 말하며, 필요한 자극에 집중하고 불필요한 자극은 걸러내는 '필터링 능력', 주의 집중을 지속적으로 유지할 수 있는 '지속주의력', 동시다발적으로 주어지는 자극에 적절하게 주의를 배분할 수 있는 '분할주의력', 주어진 자극을 정보로 전환하여 단기간 정보를 유지할 수 있게 하는 '작업 기억

능력' 등이 포함됩니다.

집중력과 밀접한 관계에 있는 전전두엽은 집중해야 할 목표와 우선순위를 결정하며, 워킹 메모리를 통해 주어진 정보를 처리하기 위해 뇌 기능을 집중시켜 빠르게 문제를 해결합니다. 또한 의욕을 담당하는 대상회는 정서의 뇌에서 공급되는 쾌감과 의욕으로 주의집중력을 높이며, 전전두엽과 협력하여 필요 없는 자극을 걸러내고 선택적으로 원하는 자극에만 집중하게 합니다.

이 외에도 기저핵은 도파민 신경 시스템이 가장 활성화되어 있는 곳으로 도파민신경계를 전전두엽으로 연결하여 불필요한 행동과 충동을 억제하며, 시상은 감각기관에서 들어오는 모든 자극을 대뇌피질로 연결하여 정상적인 정보처리와 주의집중을 가능하게 합니다.

지능이 아무리 좋다 하더라도 집중력이 떨어지는 아이는 자신의 능력을 제대로 발휘하기 어렵습니다. 아이의 재능을 충분히 발휘할 수 있도록 집중력을 키울 수 있는 방법을 알아볼까요?

집중력 향상을 위한 6가지 Tip

1. 한 번에 한 가지 일하기

이어폰을 끼고 흥얼흥얼 콧노래를 부르며 공부를 하는 아이에게 이어폰을 빼고 공부하라고 이야기하면, 아이는 음악을 들을 때 훨씬 공부가 잘된다고 말하곤 합니다. 아이들뿐만 아니라 어른들도 종종 멀티태스킹에 대한 환상을 가지고 있을 때가 있으며, 한 번에 여러 가지 일을 척척 해 낼 수 있다고 믿습니다.

미국 밴더빌트 대학 폴 덕스(Paul Dux) 교수는 한꺼번에 여러 가지 일을 진행하면 일의 진행 속도가 느려지고 과제의 완성도도 현저히 낮아진다는 것을 밝혔습니다. 인간의 뇌는 다중 작업, 즉 동시에 여러 가지 작업을 처리하는 것을 상당히 어려워하기 때문에 음악을 들으면서 공부를 하거나 간식을 먹으면서 공부를 할 때 더 집중이 잘된다고 여기는 것은 단지 환상에 불과하며, 실상으로 뇌는 그저 이 일에서 저 일로 열심히 작업을 전환할 뿐이라는 것입니다. 이렇게 작업을 빠르게 전환하면 그만큼 정확도가 떨어지고 작업의 속도가 지연되는 것은 당연합니다. 그러므로 아이의 집중력을 높이려면 아이가 해야 할 일을 한 번에 한 가지씩 하게 해 주세요. 해야 할 일이 많더라도 한 가지 활동이 다 끝난 후에 다른 활동을 시작하도록 하고, 또 아이가 무언가에 집중하고 있을 때는 가급적 옆에서 말을 걸거나 참견하지 않는 것이 좋습니다.

사람의 뇌가 지금 하던 일을 다른 일로 전환하려면 3분 정도 시간이 필요하다고 합니다. 열심히 집중하고 있을 때 옆에서 말을 시켜 주의가 흐트러지면 다시 집중력을 기울여 몰입 단계에 이르기까지 시간을 낭비하게 되는 것입니다.

2. 시작시간과 끝나는 시간을 미리 정해 주세요.

학습을 시작할 때는 끝나는 시간을 미리 정해 아이가 스스로 시간 감각을 갖도록 해 주세요. 지루하고 힘든 과제를 할 때 그것이 언제 끝날지 모르는 상태라면 자기를 통제하기가 어렵습니다. 끝나는 시간을 가늠할 수 있고 끝난 후에는 자신이 원하는 것을 할 수 있다는 확신이 있으면 지루하고 힘든 과제라도 집중할 수 있습니다. 다만, 이때 시간을 너무 길게 정하는 것은 집중력 향상에 도움이 되지 않습니다. 아이마다 집중할 수 있는 시간이 다르기 때문에 무조건 시간을 정해 집중할 것을 강요하는 것보다 아이와 함께 의논해서 공부시간과 휴식시간을 정하는 것이 좋습니다.

휴식이 제대로 이뤄지지 않으면 두뇌에도 피로가 쌓여 집중력과 이해력이 떨어지기 때문에 아이가 30분 정도 집중해서 과제를 수행했다면 이후 10분 정도는 휴식을 취할 수 있게 해 주세요. 평소 집중력이 약한 아이라면 보통 아이들보다 시간 단위를 더 짧게 조절해서 학습 계획을 세우고 점차적으로 집중시간을 늘려가야 합니다.

3. 바른 자세로 앉는 법을 알려 주세요.

자세가 나쁘면 뇌에 충분한 산소를 공급할 수 없기 때문에 공부하는 자세와 뇌의 활성화는 밀접한 관계가 있습니다. 자세의 중요성은 앉은 자세에 따라 호흡이 어떻게 달라지는지 생각해 보면 쉽게 알 수 있습니다. 등을 곧게 펴고 바르게 앉은 아이와 구부정한 자세로 앉은 아이의 호흡을 비교해 보면 당연히 등을 곧게 펴고 바르게 앉은 아이의 호흡이 크고 편안하며 그만큼 뇌에도 충분한 산소를 공급할 수 있습니다. 그러므로 아이가 학습할 때는 등을 곧게 펴고 바르게 앉도록 해 주세요.

또 의자에 앉을 때는 엉덩이를 의자 뒷면에 바짝 붙이고, 발바닥의 전부가 방바닥에 닿게 한 상태에서 허리를 곧게 펴고 목을 똑바로 세우도록 해 주세요. 이 자세를 공부하는 데 있어 가장 좋은 자세라고 하는 이유는 자세 불균형으로 인한 척추의 부담을 줄이고, 목을 곧게 세움으로써 귓속 달팽이관의 액체가 수평을 이루어 외부로부터 들어오는 정보들을 좀 더 민감하게 처리할 수 있기 때문입니다. 그런데 아이들은 공부를 시작할 때는 바르게 앉았다가도 5분도 못가서 자세가 흐트러질 때가 많습니다. 이는 사람의 몸에서 배와 등 쪽의 근육을 비교했을 때 상대적으로 배의 근육이 강하기 때문에 몸이 쉽게 복근 쪽으로 숙여지는 것입니다. 따라서 공부시간에만 바르게 앉도록 할 것이 아니라 평상시 등근육을 많이 사용하고 강화할 수 있는 스트레칭이나 체조 등을 꾸준히 하도록 하면 아이의 성장과 바른 자세를 유지하는 데 도움이 됩니다. 올바른 자세를 통해 아이의 뇌에 충분한 산소를 공급하여 집중력을 높여 주세요.

4. 깨끗해야 집중이 됩니다.

미국 프린스턴 대학교에서 수행한 연구에 따르면 물건이 어지럽게 널린 환경은 집중력을 저하시킨다고 합니다. 뇌의 활동 상태를 살펴보면 여러 가지 물건으로 인해 서로 다른 자극이 시지각 피질에서 경쟁하고 있기 때문에 주위가 어지럽고 깨끗하지 못한 환경에서는 아이가 집중력을 발휘하기가 어렵다는 것입니다.

따라서 아이가 공부에 집중하려면 깨끗한 환경을 먼저 갖추어야 합니다. 특히 책상 위에는 학습에 불필요한 물건들이 없도록 하여 집중에 방해될 만한 요소를 없애고, 아이가 공부하는 도중 지우개나 색연필 등을 찾으러 돌아다니지 않도록 책상에 앉기 전에 필요한 물건들을 미리 챙기도록 습관화하는 것이 좋습니다.

5. 약간의 스트레스는 집중력을 높여 줍니다.

영어 한마디 못하는 사람이 뉴욕 한복판에서 길을 잃었다고 생각해 볼까요? 처음 보는 도로와 표지판 등 모든 것이 낯설고 언어조차 통하지 않아 마음 편히 길을 물을 수도 없을 것입니다. 바로 이럴 때 사람들은 정신을 바짝 차리고 모든 에너지를 길을 찾는 데 집중시킵니다. 이처럼 우리 뇌는 몸과 마음이 더없이 만족스럽고 편안한 상태일 때보다 적당히 긴장하거나 약간의 스트레스를 받는 상황에서 더욱더 활발하게 활동합니다. 심리학에서는 이를 두고 '적정 불안 효과(optimal anxiety effect)'라고 합니다. 불안이 너무 없으면 현실에 안주하는 인간의 특성을 고려할 때 적당한 위기감과 긴장은 오히려 최대의 성과를 이끌어 낼 수 있다는 이론입니다.

학습에서도 약간의 긴장감과 위기감을 느낄 때 공부에 필요한 신경전달물질인 노르에피네프린이 분비되는데, 노르에피네프린이 분비되면 뇌가 맑아지고 순발력이 생기면서 집중력이 향상되기 때문에 약간의 스트레스는 오히려 아이들의 학습에 도움이 됩니다.

가끔 아이가 해야 할 일에 약간 촉박한 마감시간을 정해 주거나, 짧은 공부시간을 주고 돌발퀴즈 풀기 등을 활용해 보세요. 아이의 뇌는 약간의 긴장과 스트레스에 대처하기 위해 고도의 집중력을 발휘할 것입니다.

6. 간단한 뇌 운동과 복식호흡으로 집중력을 높이세요.

낮잠을 자고 일어난 다음이나 휴식 후 공부를 시작할 때에는 '단어 거꾸로 말하기'와 같은 간단한 뇌 운동을 통해 아이의 뇌를 일깨워 주세요. 예를 들어 엄마가 "사랑해."라고 말하면 아이는 "해랑사", 아빠가 "감사해요."라고 말하면 아이는 "요해사감"이라고 대답하면서 한 음절씩 늘려가며 잠깐 동안 단어놀이를 하는 것입니다. 이 외에도 구구단을 거꾸로 외우거나, 수수께끼 맞추기, 소리 내어 책 읽기 등의 활동은 5분 정도 짧은 워밍업을 통해 아이의 뇌를 활성화시킬 수 있는 좋은 방법입니다.

이와 반대로 아이가 운동을 했거나 흥분된 상태일 때는 복식호흡을 통해 아이의 뇌를 차분하고 안정된 상태로 바꿔 주세요. 아이에게 복식호흡을 알려 줄 때는 먼저 눈을 감은 상태에서 허리를 반듯하게 펴게 해 주세요. 이때 등을 의자에 바짝 붙이지 말고 의자와 등이 주먹 하나 정도의 간격으로 살짝 떨어져 있는 것이 좋습니다. 그 후 두 손을 배꼽 위에 가지런히 모으고, 입을 다문 상태에서 코로 숨을 들이 마시되, 아랫배에 공기를 집어넣는다는 생각으로 숨을 들이마실 수 있게 해 주세요. 3초간 숨을 참았다가 다시 입으로 천천히 숨을 내쉬는 것까지를 5~10회 정도 반복합니다. 아이가 이해하기 힘들어하면 아이에게 배를 '풍선'으로 생각하도록 하고 "배에 바람을 가득 넣어 보자."라는 식으로 쉽게 설명해 주세요. 공부 시작 전에 '의식적으로 천천히 호흡하는 것'이 목적이므로 아이가 복식호흡을 어려워한다면 똑같이 따라하지 않아도 괜찮습니다.

공부 시작 전에 호흡을 하는 이유는 복식호흡을 통해 간접적으로 자율신경계를 조절하여 부교감신경계를 활성화시키고, 흥분하거나 불안 상태의 뇌파를 차분하고 안정적인 상태의 뇌파로 바꿔줌으로써 뇌 활동의 주도권을 '감정의 뇌'에서 '이성의 뇌'로 가져오려는 것입니다.

평상시에는 따로 의식하거나 노력하지 않아도 저절로 숨을 쉬기 때문에 대뇌피질이 호흡에 관여할 필요가 없겠지만 갑자기 '의식적으로 천천히 숨쉬기'를 하게 되면 상황이 달라집니다. 평상시와는 다르게 대뇌피질이 할 일이 생기는 것입니다. 아이가 감정적으로 흥분된 상태에서는 '감정의 뇌'가 주도권을 갖게 되지만 갑자기 대뇌피질은 할 일이 생기면서 '뇌 활동의 주도권'을 이성의 뇌인 '대뇌피질'이 가져오게 되는 것입니다. 앞서 언급했듯이 뇌는 멀티태스킹을 어려워하기 때문에 대뇌피질이 '의식적 호흡'에 온전히 집중하게 되면, 감정 뇌의 활동은 자연스럽게 차분해집니다. 또 호흡을 느리게 하면 전전두엽으로 공급되는 혈액량이 증가하면서 이로 인해 뇌에 충분한 산소가 공급되어 의지와 집중력이 좋은 상태가 됩니다. 이것이 바로 복식호흡의 효과입니다. 아이뿐만 아니라 부모님들도 감정 조절이나 불안 또는 집중이 잘 안 될 때 적용해 보시길 바랍니다.

Special Column

좋아하는 것에만 집중하는 것은 집중이 아니다.

아이들은 좋아하는 게임을 하거나 스마트폰을 볼 때 눈빛이 달라진다. 옆에서 몇 번을 불러도 듣지 못하고 게임에만 빠져 있는 모습은 집중력이 상당해 보인다. 그러나 좋아하는 것에만 집중하는 것은 진정한 의미의 집중이라 할 수 없고, 단지 계속적으로 빠르게 변하는 자극을 수동적으로 받아들이는 것에 불과하다.

집중력은 크게 '능동적 집중력'과 '수동적 집중력'으로 구분할 수 있다. 능동적 집중력은 '초점성 집중력'이라 하여, 스스로 선택한 것에 대해 집중하는 능력을 의미하며, 수동적 집중력은 '반응성 집중력', 즉 주어진 외부 자극에 수동적으로 반응하는 것을 의미한다.

스스로 선택한 것에 집중하는 것이 능동적 집중이라면 아이가 원해서 선택한 게임도 능동적 집중이라고 생각하겠지만 그렇지 않다. 비록 게임을 처음 시작했을 때는 능동적이었을지라도, 게임을 하는 과정에서 다분히 수동적인 상태로 바뀌기 때문이다. 대부분의 게임은 숨 가쁠 정도로 빠르게 진행된다. 잠깐 사이에 내 캐릭터가 위기를 맞고 죽음을 맞이할 수 있기 때문에 한눈 팔 시간이

--- **Special Column** ---

없으며, 생각할 시간은 더더욱 없다. 여기에 현란한 화면과 화려한 배경 음악, 순간순간의 효과음은 아주 자극적이다. 즉, 강렬한 시각적, 청각적 자극과 함께 빠르게 진행되는 게임 속도에 의해 집중이 유지되기 때문에 처음에는 능동적인 집중으로 시작했을지라도 결국 게임은 수동적 집중으로 변할 수밖에 없는 것이다.

아이가 학습을 잘할 수 있으려면 좋아하는 일에만 집중할 것이 아니라, 중요하고 꼭 해야 할 일에 주의를 기울일 수 있는 집중력과 자기조절력을 키울 수 있도록 해야 한다.

05

창의력과 뇌

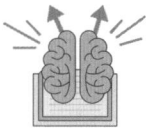

'창의력'이란 기존의 틀이나 생각을 벗어난 새로운 발상을 말하며, '독창적이고 유용한 것을 만들어 내는 능력'으로, 과학자나 예술가의 천재적이고 특출난 능력만이 아니라 일상에서 나타나는 참신하고 유익한 문제해결능력과 새롭고 즐거운 것을 만들어 내는 능력까지 포함합니다.

뇌의 활동에서 본다면 창의력은 전두연합 영역의 A-10 신경과 신경전달물질인 도파민과 관련이 깊습니다. A-10 신경은 간뇌에서 시작하여 시상하부를 거쳐 대뇌피질의 측두엽, 전두엽과 연결되는데, 창의력은 이 A-10 신경을 지나 흐르는 도파민이 전두연합 영역에서 대량으로 방출될 때 나타납니다. 대량으로 방출된 도파민에 의해 뇌의 활동이 순식간에 높아지면서 평상시와는 다른 사고, 즉 창의력이 발휘되는 것입니다.

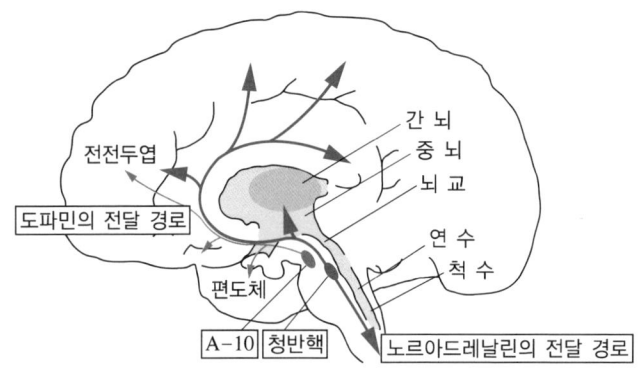

창의력, 아는 것이 힘이다.

종종 창의력을 무(無)에서 유(有)를 창조하는 능력으로 오해하는 경우가 있지만 창의력은 기존에 있던 정보를 새롭게 배열하거나 통합하는 능력과 관계가 깊습니다. 지능에 대한 연구로 유명한 미국의 심리학자 스턴버그(Robert J. Sternberg)와 루바트(Todd Lubart)는 '새롭고 유용한 것을 만들어 내는 능력'을 창의력이라고 했는데, 여기에서 주목해야 할 것은 '유용한 것'입니다.

'새로운 것'이라면 기존에 없던 것, 예를 들어 그저 엉뚱한 아이디어만으로도 가능할 수 있겠지만 '유용한 것'을 만들어내는 것은 그리 간단한 문제가 아니기 때문입니다. '유용하다'는 것은 '사용가치가 있는 것'을 뜻하기 때문에, 그런 것을 만들기 위해서는 오랜 시간 동안 축적되어온 지식과 경험이 필요합니다. 즉, 기존에 있던 지식을 바탕으로 새로운 것을 만들어 내야 하기에 창의력은 무(無)에서 유(有)를 창조하는 것이 아닌, 유(有)에서 유(有)를 창조하는 능력이라 할 수 있습니다. 가끔 창의력에 대한 오해로 인해 기초학력의 중요성을 등한시하는 경우를 볼 수 있는데 지식과 경험의 토대 없이는 창의력이 발휘되기 어렵습니다. 아이의 창의력을 키우고 싶다면 먼저 기본지식을 알고 익히는 것이 우선되어야 합니다.

창의력의 또 다른 이름 과제 집착력

고대 그리스의 수학자이자 물리학자인 아르키메데스는 시칠리아의 히에론 왕으로부터 자신의 왕관에 불순물이 얼마나 섞였는지 알아내라는 명령을 받았습니다. 당시로는 왕관을 녹이지 않고는 알아낼 방법이 없는 문제였습니다. 밤낮으로 고민하던 아르키메데스는 잠시 휴식을 취할 겸 목욕을 하려고 받아 놓은 욕조에 들어가 몸을 담그는 순간, 물의 수위가 높아지는 것을 보며 '부력의 원리'를 발견할 수 있었습니다.

그런데 이 일화를 듣고 아르키메데스가 단순히 목욕을 하던 중에 위대한 원리를 발견했다는 것으로 오해하면 곤란합니다. 아르키메데스의 발견은 '목욕'에서 나온 것이 아니라 반드시 해결하고

자 하는 '과제집착력'에서 나온 것이기 때문입니다. 생각해 보세요. 왕의 명령을 받고 얼마나 고민하며 각고의 노력을 기울여 이 문제를 풀기 위해 매달렸겠습니까? 깨어 있건 잠들어 있건 그의 머릿속은 온통 왕관뿐이었겠죠. 누구나 욕조에 몸을 담구면 물의 높이가 높아지는 것을 느끼지만, 아르키메데스처럼 그 안에서 위대한 발명을 하지는 못했습니다. 이것이 바로 창의성이 발현되는 결정적인 차이입니다. 주어진 과제에 몰두하며 포기하지 않는 사람에게는 작고 사소한 일상조차 결정적인 힌트로 작용합니다. 그것이 집요함이 주는 선물 같은 것입니다. 언뜻 생각했을 때 '과제집착력'은 창의력과 잘 어울리지 않을 듯하지만, 창의성은 이러한 집요함과 끈기를 통해 발현될 수 있습니다.

그러나 쉬지 않고 계속 고민만 해야 한다는 것은 아닙니다. 참으로 역설적이지만 창의성의 발현에는 휴식이 반드시 필요하고, '몰입'과 '휴식'은 동전의 양면처럼 꼭 붙어 있는 요소입니다.

자. 그럼 이와 같은 상황을 휴식이라는 관점에서 재해석해 볼까요?

멍 때리기도 꼭 필요한 시간입니다.

때로는 아무런 긴장 없이 편안한 상태, 즉 '멍 때리기'를 하는 동안에 기발한 아이디어가 불쑥 떠오른 경험을 해 본 적이 있을 겁니다. 인간의 뇌는 무언가를 발견하기 위해 억지로 머리를 쥐어짤 때보다 오히려 그냥 내버려둘 때 훨씬 자유롭게 활동하며 창의력도 잘 발휘될 수 있습니다. 마찬가지로 왕의 명령을 받고 고민하던 아르키메데스가 잠시 머리를 식히려고 목욕을 하다가 고민하던 문제의 해결책을 찾아 기쁨의 유레카를 외쳤던 순간도 이러한 순간이었을 것입니다.

아르키메데스의 일화 속에서 우리는 두 가지 중요한 점을 생각해 볼 수 있습니다. 첫 번째, 그가 얼마나 집중하고, 노심초사하며 고민을 했을까라는 것이고, 두 번째, 아무리 고민해도 해결되지 않던 문제가 휴식을 취하는 동안 해결되었다는 것입니다. 뇌가 쉬고 있을 때 고민 해결의 실마리를 찾고 기발한 아이디어가 떠오른다니 참 신기한 일입니다.

미국의 신경의학자인 마커스 레이클(Marcus Raichile)은 양전자 단층촬영(PET)을 통해 아무것도 하지 않고 편히 쉬고 있을 때, 뇌의 특정 부위가 활발하게 활동하는 것을 발견하였습니다. 바로 후측 대상피질과 내측 전두엽이 활성화되었는데, 특이한 것은 이 부위는 사람이 다시 일을 시작하는 순간에는 오히려 활동을 하지 않았다는 것입니다. 인간의 뇌는 무언가를 생각하고 활동할 때 활성화된다고 생각해 왔던 그동안의 통념과는 반대되는 기이한 현상이 관찰된 것이지요. 그는 이런 뇌 영역을 아무것도 하지 않을 때 활발히 작동한다고 해서 '디폴트 모드 네트워크(Default Mode Network)'라고 이름을 붙였습니다.

▌ 디폴트 모드 네트워크[19]

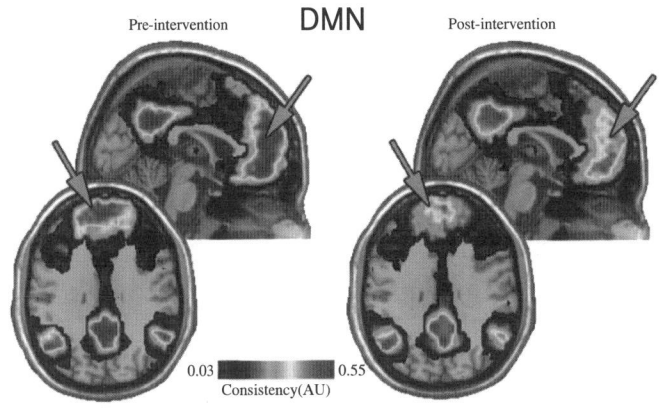

디폴트 모드란 컴퓨터가 켜져만 있고 아무 프로그램도 실행하지 않는 상태, 자동차의 시동은 켜져 있으나 달리지 않는 상태, 사람의 경우에는 깨어 있기는 하지만 아무것도 안 하고 있는 상태를 말합니다. 그렇다면 아무런 생각과 활동을 하지 않을 때, 즉 멍하니 있는 시간에 기본상태 회로가 활성화되는 이유는 무엇일까요?

스탠포드 대학의 그레이셔스(Michael Greicius) 교수는 사람이 휴식을 취하고 있을 때, 위치상으로는 멀리 떨어져 있는 뇌의 영역이 기능적으로는 아주 긴밀하게 연결되어 작동한다는 사실을 발견했습니다. 그의 연구에 의하면 아무 긴장감 없이 한가롭게 쉬고 있는 동안 뇌의 기본상태 회로는 여러 정보들을 활발히 수집하

---

[19] 디폴트 모드 네트워크(DMN, Default Mode Network) : 미국의 신경학자 마커스 레이클(Marcus Raichle)이 발견한 신경망

고 정리하는 활동을 하는 것으로 나타났으며, 이때 멀리 떨어져 있는 뇌의 영역이 서로 긴밀하게 연결되어 작동함으로써, 관련 없는 정보들을 연합하여 기존에 없었던 새롭고 기발한 것을 만들어낸다는 것입니다. 그동안 창의성 영역에서 기이한 현상으로 여겨져 온 '멍 때릴 때 떠오르는 기발한 아이디어'에 대한 비밀이 밝혀진 것입니다.

혹시 멍하니 있는 시간이 아깝다고 생각하진 않으셨나요? 뇌의 작동원리를 잘 이해한다면 쉴 새 없이 바쁜 일과는 오히려 창의성을 방해하는 요인이 된다는 것을 알 수 있습니다. 그러므로 아이의 창의성이 잘 발휘되려면 아이의 일과가 너무 바쁘지 않도록 하고, 아이에게 아무것도 하지 않고 멍하니 앉아있거나 빈둥거릴 수 있는 시간을 꼭 마련해 줄 것을 권장합니다.

풍요로운 경험 vs 자유로운 경험

미국의 심리학자인 로렌츠 바이크(Franz Rosenzweig)는 '환경이 뇌에 미치는 영향'을 연구하기 위해 서로 다른 두 개의 상자 안에서 쥐를 사육하면서 환경을 각기 달리 제공했습니다. 한쪽 상자 속에는 나뭇조각이나 사다리처럼 충분한 놀이도구를 갖추어 열 마리의 쥐를 함께 사육하였고, 또 다른 상자 속에는 아무런 놀이기구 없이 그저 빈 상자 속에 쥐 한 마리만을 넣고 사육했습니다.

실험 결과는 예상대로 풍요로운 환경에서 사육된 쥐의 뇌 피질이 빈약하고 외로운 환경에서 사육된 쥐의 뇌 피질보다 더 두껍고 촘촘했습니다(뇌의 피질이 두껍고 촘촘하다는 것은 신경세포들의 연결망이 그만큼 많고 복잡하다는 의미입니다).

 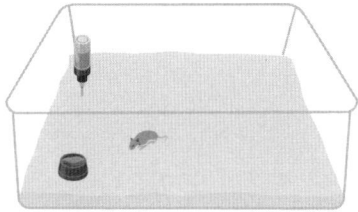

아이들에게 있어서도 풍요로운 경험이 미치는 영향은 매우 극적입니다. 어릴 때부터 풍요로운 환경 속에서 자기주도적이고 감각적인 활동을 많이 한 아이는 풍부한 경험을 바탕으로 다양한 정보를 축적했기 때문에 그만큼 창의력이 좋아지며, 전반적인 뇌의 발달에도 좋은 영향을 미칠 것입니다. 하지만 아이들의 풍요로운 경험을 위해 특별한 환경을 인위적으로 제공하는 것은 자칫 역효과를 초래할 수 있습니다.

앞에서 소개한 로렌츠 바이크 박사의 풍요로운 환경에 대한 후속연구에 의하면, 인공적인 환경에서 사육된 생쥐보다 자연 속에서 생활한 생쥐의 뇌 피질이 더 무겁고 촘촘했습니다. 이러한 결과는 아무리 다채롭고 특별한 환경일지라도 인위적인 환경보다는 자연스러운 환경이야말로 가장 풍요로운 환경이라는 것을 상기시켜 줍니다.

가끔 '창의 교육'이라는 명목으로 지나친 사교육을 받는 아이들을 볼 수 있는데, 창의력은 인위적으로 키워지는 능력이 아니기 때문에 때로는 창의력을 키우려는 노력이 오히려 창의력을 망치는 주범이 되기도 합니다.

예를 들면 창의력을 기르기 위해 글쓰기를 강요하면, 생각을 글로 쓰는 것이 아니라 글을 쓰기 위해 생각을 짜내야만 하는 상황이 생길 수도 있습니다. 하지만 이런 방법은 창의력 개발에 도움이 되기는커녕 오히려 아이들의 자발성을 훼손시키고 창조적인 사고를 제한하는 격이 됩니다.

그렇다면 아이들이 스스로 생각하고 창의성을 발현할 때는 언제일까요? 그것은 바로 자기가 좋아하는 일을 할 때 아이들의 사고력이 풍부해지고 창의력이 발휘됩니다. 많은 부모들이 내 아이의 강점을 찾아 개발해 주고 싶지만 그것을 발견하는 것이 마음만큼 쉽지가 않습니다. 아이가 좋아하고 잘하는 것을 발견하려면 가장 우선적으로 아이에게 자유로운 환경을 제공해 주어야 합니다. 아이가 마음대로 할 수 있는 시간이 있어야 마음 가는대로 이것저것 도전해 볼 수 있고, 그럼으로써 자기가 좋아하고 잘하는 일을 찾을 수 있을 테니까요.

상자 안에 제아무리 좋은 놀잇감을 넣어주면서 사육했던 쥐들보다 자연 속에서 생활한 생쥐의 두뇌가 더 좋았던 것처럼, 자유로운 환경 속에서 자발적으로 생각하고 행동할 때 아이의 창의력이 발달하고, 강점도 발견할 수 있을 것입니다.

비판적 사고 키우기

2016년 다보스 세계경제포럼이 발표한 '미래 고용보고서'에 따르면 기업에서 가장 필요로 하는 인재의 능력 열 가지 중 1위는 '문제해결능력', 2위는 '비판적 사고', 3위는 '창의성'이었습니다. 물론 이 세 가지 능력은 따로따로 독립적이라기보다는 서로 밀접하게 연결되어 있습니다. 기존의 지식과 노하우를 비판적으로 사고할 때 비로소 창의적인 방법을 찾아낼 수 있고, 그로 인해 복잡한 문제도 해결할 수 있을 테니까요. 간혹 비판적 사고를 삐딱하고 부정적인 것으로 오해하는 경향이 있는데, 비판적 사고란 주어진 지식이나 주장을 수동적으로 받아들이지 않고, 합리적이고 논리적으로 분석·평가·분류하는 사고 과정을 의미합니다.

비판적 사고능력을 기르기 위해서는 생활 속에서 일어나는 다양한 일들을 무심히 지나치지 말고, 아이와 의견을 나누어 보는 경험을 많이 갖는 것이 좋습니다. 대체로 아이의 의견을 먼저 들은 후에 부모의 의견을 들려주는 것이 좋으며, 만약에 서로의 의견이 다를 경우 아이는 같은 주제일지라도 각 사람의 관점에 따라 다양한 의견이 존재할 수 있다는 것을 배울 수 있을 것입니다. 또한 다른 사람의 의견을 들을 때의 태도도 중요합니다. 상대방의 의견을 무조건적으로 받아들이기만 할 것이 아니라, 납득할 수 없는 부분이 있다면 그냥 지나치지 말고, 상대방이 왜 그렇게 생각하는지 물어볼 수 있도록 아이와 함께 연습을 해 보는 것도 좋습니다. 이런 활동을 통해 아이는 점차적으로 상대방의 의견에 논리적인 오류가 없는지, 지나친 비약은 없는지, 유도된 결론이 정당한지 등을 따져 볼 수 있는 능력을 갖추게 됩니다.

아이의 창의력을 키우고 싶다면 아이가 독창적인 질문을 하거나 새로운 아이디어를 낼 때 그것을 존중해 줘야 합니다. 또 아이의 본능적인 정서와 원초적인 감각을 일깨울 수 있도록 아이와 함께 숲을 산책하거나 흙놀이, 가로수, 하늘, 바람, 날씨와 계절의 변화를 관찰하고 느껴보세요. 다양한 패턴과 독창성을 지닌 대자연 속에서 아이에게 잠재되어 있는 갖가지 창조성을 발견할 수 있을 것입니다.

이 외에도 '재활용품을 이용한 만들기'와 같은 활동을 통해 사물의 용도를 재해석하여 가치 있게 재창조하는 경험을 갖게 하고, 과학실험, 이야기 꾸미기 등의 활동을 통해 새롭고 낯선 것을 경험하면서 호기심과 상상력을 키울 수 있게 해 주세요. 이와 함께 풍부한 독서로 다양한 지식을 쌓는다면 아이는 그것을 결합해 창조적인 능력으로 발전시킬 수 있을 것입니다. 무엇보다 아이가 스스로 원하고 하고 싶어 하는 것이 있다면 그것을 인정해 주고 가급적이면 아이에게 결정권을 주어야 합니다. 아이의 뇌는 자유로운 것을 좋아하고 자발적으로 활성화되는 것을 선호하기 때문에 스스로 결정할 수 있도록 자율성을 획득했을 때 더욱 창조적이고 번뜩이는 아이디어를 떠올릴 수 있을 것입니다.

06
사회성과 뇌

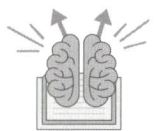

　사회성은 매우 복잡하고 섬세한 능력으로 일정부분 교육과 훈련을 통해 가르칠 수 있는 부분도 있지만 상당히 어려운 부분도 있습니다. 예를 들어 누군가에게 친구가 되어 달라고 말하는 방법이나 흥분하지 않고 감정을 말로 표현하는 방법, 거절하는 방법이나 자신의 생각을 주장하는 방법 등과 같이 단순한 사회적 기술은 가정에서도 교육을 통해 가르칠 수 있으며, 이러한 교육은 취학 전 아이들에게 꼭 필요한 부분입니다. 하지만 사회성은 이 정도에서 끝나는 것이 아닙니다. 다른 사람의 고통을 함께 나누거나 감정적으로 따뜻한 사람이 되는 것, 타인에게 친근감을 느끼고, 타인의 호감을 얻는 방법, 힘들어하는 사람을 달래고 위로하는 마음 등은 교육만으로는 되지 않는 인간적 능력이 필요합니다. 이러한 '인간적 능력'을 발휘하기 위해서는 이에 필요한 뇌 회로와 화학체계가 정상적으로 건강하게 잘 발달해야 합니다. 이는 어린 시절 '의미 있는 타인'과의 특별한 경험, 즉 부모와의 관계에서 시작됩니다. 이러한 이유로 어린 시절 부모와 안정적이고 활발한 감정 교류를 하지 못한 아이는 어른이 되어서도 사회성이 그대로 어린아이와 같은 상태, 즉 '어른아이'의 상태로 머무를 수 있습니다.

사회성의 뇌

사회성 발달은 안와전두엽과 복내측 전두엽, 그리고 전측 대상회와 밀접한 관련이 있습니다. 전두엽의 아랫부분인 눈 뒤에 위치한 안와전두엽 영역에 뇌 신경망이 잘 형성되면 다른 사람들의 사회적 신호와 감정적 신호를 정확하게 읽고 적절하게 반응할 수 있습니다. 또 변연계와 가깝게 연결되어 있는 복내측 전두엽 영역의 발달은 자각하고 타협하고 결정하는 능력과 갈등을 원만히 해결하는 능력을 높여 줍니다. 미국의 심리학자 레우벤 바 온(Reuven Bar-On)은 복내측 전두엽이 손상되면 의사결정에 있어 충동적이고 감정조절이 잘되지 않으며, 이로 인해 잘못된 판단을

내리거나 자신에게 불리한 선택을 하는 경향이 나타난다고 했습니다.[20]

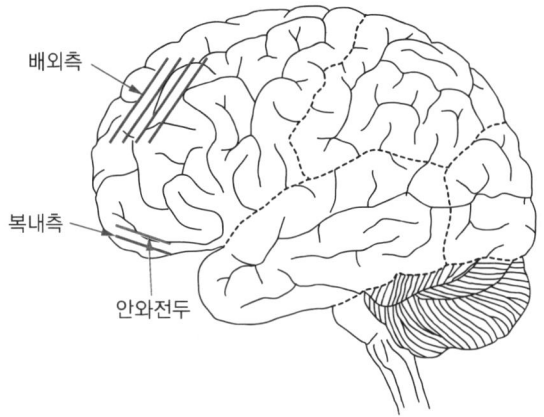

사회성의 뇌(안와전두엽, 복내측 전두엽)

이 외에도 미국의 신경의학자 마이클 드 벨리스(Michael De Bellis)의 연구에 의하면 누군가에게 연민과 동정심을 느낄 때는 전측 대상회 영역이 활성화되며,[21] 오린 데빈스키(Orrin Devinsky)의 동물실험 결과를 보면, 전측 대상회가 손상된 원숭이들은 주의, 운동통제가 어렵고 감정조절에 문제가 있어 다른 원숭이들을 마치 물건처럼 취급하고 함부로 밟고 다녔다고 합니다.[22]

---

20) Bar-On R. et al., Exploring the neurological substrate of emotional and social intelligence, *Brain* Aug:126
21) De Bellis M. D. et al., N-Acetylaspartate concentration in the anterior cingulate of maltreated children and adolescents with PTSD, *The American Journal of Psychiatry* 157 July:1175-77
22) Devinsky O. et al., Contributions of anterior cingulate cortex behaviour, *Brain* Feb;118(Pt 1):279-306

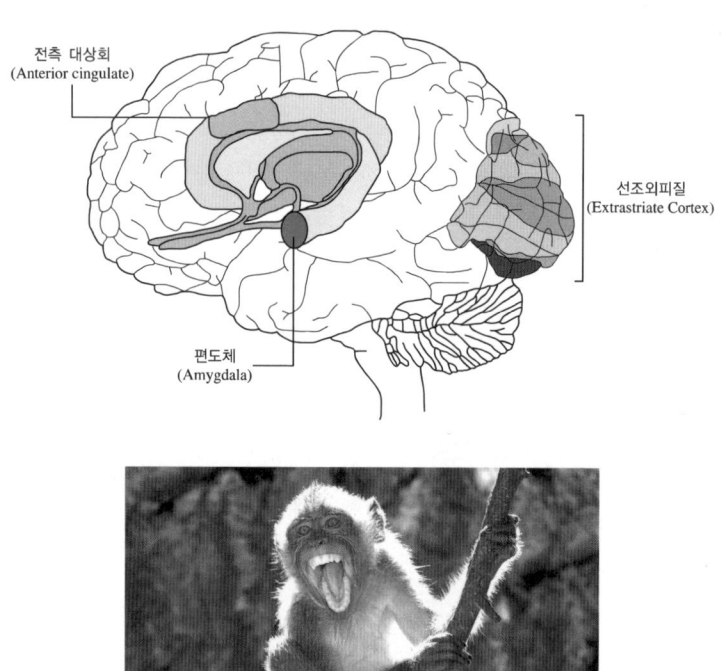

정서조절능력

　사회성은 인간의 행복을 크게 좌우하는 능력으로 아이의 삶에서 수학이나 영어 못지않게 중요합니다. 그러나 우리 사회에서는 사회성 발달에 근간이 되는 정서를 인식하고 표현하며 조절하는 방법을 그리 중요하게 여기지 않는 분위기가 있고, 실제로 아이에게 가장 중요한 대상인 부모조차도 아이의 정서발달보다는 인지발달을 우선시하는 경향이 강합니다. 대체로 아이의 '지적 성취'에 대해서는 긍정적인 피드백을 많이 해 주고 있지만, '바람직한 정서행동'에 대해서는 긍정적인 피드백을 주지 않는 경우가 많습니다.

예를 들어 아이가 수학시험에서 100점을 받은 지적 성취에 대해서는 폭풍칭찬을 하지만, 화가 날 상황에서 자신의 감정을 조절하여 예의 바르고 침착하게 행동한 것에 대해서는 지적 성취에 비해 충분한 칭찬을 해 주지 않을 때가 많은데, 심지어 아이가 감정조절을 못해 심하게 화를 내거나 짜증을 내는 순간에 아이를 달래고 기분을 맞춰줌으로써 아이의 짜증이 오히려 학습효과로 인해 강화되는 결과를 만들기도 합니다. 어릴 때부터 짜증을 낼 때마다 무언가 이득을 얻은 아이는 계속적으로 짜증을 내어 욕구를 충족하려 하기 때문입니다.

아이가 감정조절을 못하고 짜증을 낼 때는 '그 방법으로는 아무것도 얻을 수 없다'는 것을 인식시키는 동시에 바람직한 정서행동을 보일 때는 긍정적인 피드백을 제공해야 합니다. 아이의 정서조절능력은 사회성 발달은 물론, 개인의 성취와 성공에도 많은 영향을 미칩니다.

2010년 밴쿠버 동계 올림픽에서 김연아 선수가 금메달을 획득했을 때, 당시 김연아 선수의 경기를 분석한 전문가들은 그녀의 남다른 능력과 특징은 바로 '고도로 단련된 정서조절체계'에서 비롯되었다고 평가했습니다. 한 번의 점프 실패 이후 크게 흔들렸던 아사다 마오 선수와는 대조적으로 마지막까지 흔들림 없는 모습으로 본인의 기량을 발휘한 김연아 선수의 모습은 매우 인상적이고 자랑스럽기까지 했는데, 이러한 정서조절체계의 발달은 후천적으로 발달되는 것이므로 부모의 역할이 그만큼 막중하다고 할 수 있습니다.

사회성 발달, 부모를 보고 배웁니다.
앞서 살펴보았듯이 아이의 정서조절체계는 후천적으로 완성되기 때문에 아이에게는 '좋은 역할모델'이 필요합니다. 또한 정서조절은 자신의 본모습과 속마음을 다 보여줘도 안전하다고 생각되는 사람을 통해 배울 수 있기 때문에 그 역할은 당연히 부모의 몫이기도 합니다. 하지만 정서를 조절하는 것은 어느 한순간에 이뤄지지 않습니다. 그것은 아이뿐만 아니라 어른이라 할지라도 평소 습관이 되어 있지 않으면 마찬가지입니다. 그러므로 부모는 아이와 마주하는 순간뿐 아니라, 생활하는 모든 순간에서 스스로의 감정과 행동을 수시로 돌아보며 점검할 필요가 있습니다.

정서지능이 낮은 부모의 3가지 유형 이것만은 금물!
첫째, 일관성이 없는 부모입니다.
아이가 똑같은 행동을 했음에도 부모의 기분이 좋을 때에는 괜찮다고 했다가 기분이 좋지 않을 때에는 아이를 몹시 나무라는 유형입니다. 심지어 기분이 좋을 때는 다소 그릇된 행동을 해도 대충 웃어넘기다가 화가 났을 때는 사소한 것에 대해서도 버럭

화를 내고 잔소리를 심하게 하는 부모입니다.

둘째, 아이의 정서를 무시하는 부모입니다.

아이의 힘든 상황을 이해하지 못하는 유형으로, 아이가 학원 다니는 것을 힘들어 하며 "○○도 학원을 줄였어요. 나도 줄이면 안 될까요?"라고 말하면, "안 돼! 힘들긴 뭐가 힘들어? 그 학원은 남들은 다니고 싶어도 못 다니는 학원이야! ○○가 그렇게 부러우면 아예 그 집에 가서 살아."라고 하며 아이의 감정이나 생각을 고려하지 않는 유형입니다.

셋째, 아이를 위협하는 부모입니다.

"너 한 시간 안에 숙제 다 못 끝내면 핸드폰 뺏을 거야."라고 하거나, "너 또 동생 괴롭혔지? 이렇게 말 안 들을 거면 너 말고 동생만 키울 거야."라고 말하는 유형입니다. 안타깝게도 많은 부모들이 아이에게 이런 말과 행동을 서슴없이 하고 있습니다. 대체로 많은 부모들은 '정서조절'에 대해 배울 수 있는 기회가 없었기 때문입니다. 만약에 자신의 모습이 이러한 유형에 속한다면 지금부터라도 자신의 감정과 행동을 점검하시길 바랍니다.

지금의 부모 세대는 그의 부모 세대로부터 '감정'을 보호받지 못하고 자랐습니다. 그러나 나의 아이에게는 똑같은 상황이 되풀이 되지 않도록 부모로서의 행동을 재정립해야 합니다.

적절한 사회적 표현기술을 가르쳐 주세요

대부분의 아이들은 자신의 생각을 솔직하게 표현합니다. 부모는 아이의 사회생활을 위해서 솔직한 표현을 존중하면서도 한편으로는 다른 사람의 기분을 상하게 하지 않는 적절한 표현기술을 가르쳐 주어야 합니다.

특히 초등학교에 갓 입학한 아이들은 사회적 기술이 많이 부족합니다. 만약 어릴 때부터 선행학습을 많이 한 아이들이라면 학교에서 배우는 공부가 학원 공부보다 시시하다고 느끼며, "선생님~ 이건 너무 쉬워요. 나는 3학년 수학을 풀고 있어요."라고 말하거나 때로는 학교 선생님을 무시하는 태도로 학원 선생님을 과신하며 "선생님~ 학원에서는 이렇게 배웠는데요."라고 하며 학원에서 배운 방식을 고집하는 아이들도 있다고 합니다.

이럴 때 선생님의 기분은 어떨까요? 당황스럽기도 하고, 때로는 아이를 건방지다고 생각할 수도 있습니다. 또한 이런 일로 마음이 상한 선생님께서 만에 하나 아이에게 꾸중이나 면박을 주기라도 한다면, 아이는 자신의 솔직한 생각과 느낌을 드러내기를 주저하게 될 것이며, 점차 소심하고 방어적이거나 공격적인 모습으로 한참 예민한 시기인 고학년과 사춘기를 맞이할 수 있습니다. 그러므로 초등학교 입학을 앞둔 아이에게는 자신의 생각과 느낌을 머릿속에 떠오르는 대로 모두 표현하는 것은 다른 사람의 기분을 상하게 할 수도 있다는 것을 알려 줄 필요가 있습니다.

아이와 함께 역할극 활동을 하면서 다양한 상황을 연출해 본다면 많은 도움이 될 것이고, 이런 것들은 다른 사람이 대신하기 어려운 부모님표 산교육입니다.

 정원맘
속상해 죽겠어요 ㅜㅜ
오늘도 친구 기다리다가 30분이나 늦게 나오더라구요
애가 어찌 그리 착해 빠졌는지 몰라요~

그러게나 말이야..
얼마나 속상한지 내가 잘 알지.
우리 큰 애도 착해서 탈이잖아~

 정원맘
남편이나 자식이나 맨날 남들 챙기느라
손해만 보고 다니고...
저는 착한게 아주 징글징글하다니까요

맞아 바보가 따로 없다니까 ㅜㅜ

 정원맘

도덕성을 길러 주세요.

요즘 세상에서는 '착하다'는 말이 칭찬이 아니라고 합니다. 처음에는 이런 얘기를 우스갯소리로 듣고 넘겼지만, 실제로 많은 부모님들께서 아이가 착해서 고민이라고 말합니다. 그래서 '착해 빠졌다'거나, '착해서 탈'이라는 말을 하며 이만저만 걱정이 아닙니다. 그러나 엄격히 말하면 손해만 보고 다닌다는 것은 착한 것이 아니라 사회성이 부족한 것일 수 있습니다. 진정한 의미에서 '착한 아이'는 사회성 부족으로 손해 보는 아이가 아니라 '도덕성이 높은 아이'입니다.

연구에 의하면 도덕성이 높은 아이는 공공의 가치와 규범을 잘 따르는 것뿐만 아니라, 집중력이 높고 낙관적이며. 충동을 자제할 줄 알고, 타인의 마음을 이해하고 공감하며, 남을 배려하는 능력을 두루 갖추고 있습니다. 이로 인해 도덕성이 높은 아이는 또래 관계도 잘 형성하고 리더십이 뛰어나며, 자신에 대한 만족도가 높고 희망적이며 긍정적입니다.

무엇보다 도덕성이 높은 아이는 옳고 그름을 구별할 수 있습니다. 옳고 그름에 따라 행동하고, 공정한 행동에 대하여 자부심을 느끼며, 잘못된 행동에 대해서는 죄책감과 수치심을 아는 아이입니다.

아이의 도덕성을 높이기 위해 부모가 실천해야 할 다섯 가지

첫째, 부모가 모범이 되어 주세요.

부모는 아이의 거울입니다. 부모 스스로 도덕적이지 않은 일은 하지 않고, 법과 사회규범을 준수하며, 일상에서는 다른 사람과 더불어 협력하고 배려하는 모습을 보여야 합니다. 연구에 의하면 아동기에 접어들면서 '품행 장애'가 나타나고, 그것이 성인이 된 이후에 '반사회성 성격장애'로 발전하게 되는 요인에는 도덕성이 발달하는 유아기에 부모로부터 부적절하고 파괴적인 삶의 방식을 보고 배운 경우가 많았습니다. 사소하게는 운전법규를 지키지 않는 것에서부터 남을 속이는 것, 부모가 폭력을 쓰는 것을 보고 자란 경우, 자녀들 또한 이후에 폭력이나 위법 행위를 일삼을 가능성이 높았습니다. 또한 가정에서 자녀를 교육할 때 '목소리 큰 사람이 이긴다', '속는 사람이 바보다'라는 식의 그릇된 교육으로 인해 자녀로 하여금 옳고 그름에 대한 분별력을 갖추지 못하게 함으로써, 이로 인해 자녀에게 잘못된 가치관과 행동을 습득하게 한 경우가 많았습니다. 바람직하고 도덕적인 부모의 삶은 인성교육의 기본입니다.

둘째, 경쟁보다 협동을 강조해 주세요.

아이에게 동기를 부여하기 위해 경쟁심을 부추기면 협동심이 발달하지 못합니다. 예를 들어 청소를 할 때에도 "누가 제일 잘 치우는지 보자!"라고 말하는 것은 아이에게 승자는 한 사람뿐이므로 돕거나 협동을 하는 것은 일등이 되는 데 방해가 될 것이라는 생각을 하게 할 수 있지만, 부모님이 말의 의도를 바꾸어 "청소를 얼마나 사이좋게 하는지 한번 볼까?"라고 말한다면 아이는 개인의 성취와 함께 집단의 성취도 중요하다는 것을 알게 될 것이며, 협동의 미덕까지 쉽게 배울 것입니다.

셋째, 강압적인 훈육은 금물입니다.

또 다른 연구에서는 부모가 아이를 훈육할 때 너무 강압적이거나 권위적이었을 경우 남을 잘 도와주지 않거나 동정과 연민이 부족한 성향이 강하게 나타났습니다. 특히 권위적인 부모 밑에서 자란 아이는 부모가 시키는 것에는 매우 복종적이지만 지시받지 않은 것은 하지 않으려고 하는 수동적 태도를 보인다는 것입니다. 자기주도적인 아이로 키우려면 아이의 작은 실수를 포용하면서 아이에게 스스로 계획하고 자율적으로 행동할 수 있는 권리가 있어야 합니다.

넷째, 아이의 행동에 관심을 보이고 칭찬해 주세요.

아이의 도덕적 행동을 이끌기 위해 눈에 보이는 보상을 제공하면 오히려 역효과가 날 수 있습니다. 지속적으로 외적인 보상을 받은 아이들은 보상이 없을 때에는 도덕적인 행동을 하지 않을 가능성이 커질 수 있기 때문에 아이가 착한 일을 했을 때 보상하고 칭찬하는 것은 좋지만, 보상을 걸고 착한 일을 유도하는 것은 피해야 합니다.

다섯째, 아이 스스로 도덕적이라고 믿게 해주세요.

사람은 스스로 자신이 도덕적이라고 느낄 때 실제로 더 도덕적으로 행동합니다. 심리학에서는 이것을 '자기규정 효과(self-definition effect)'라고 하는데, '나는~~ 이러이러한 사람이다'라고 스스로를 규정하게 되면, 정말로 그에 맞는 행동을 하게 된다는 것입니다. 아이가 착한 일을 했을 때 아이의 내적 동기와 연결하여 칭찬해 준다면 아이는 스스로를 좋은 사람으로 규정하며, 이로 인해 아이의 도덕적 자아상도 잘 발달될 것입니다.

친구관계에서 발달하는 사회성

유아기 후기는 아이에게 우정에 대한 개념이 형성되기 시작하면서 점점 친구에 관해 이야기하는 횟수가 많아지는 시기입니다. 하지만 유아기의 친구관계는 아직 단순히 '같이 노는 관계'일 뿐이며, 아이가 초등학교에 입학할 때쯤이 되어서야 친구에 대한 생각과 관계가 한층 성숙해집니다. 초등학생이 된 아이들은 비교적 우정에 대한 정교한 개념을 형성하면서 이때부터는 친구관계가 나의 관심사나 비밀을 공유하는 관계로 발전하게 됩니다.

우정에 대한 연구 결과에 의하면, '생각'을 공유하는 것보다 '활동'을 함께하는 것이 우정에 더 큰 영향을 미친다고 합니다. 즉, 문화나 종교, 경제, 정치 등 생각을 공유하는 사람들보다는 운동, 독서, 문화생활 등의 좋아하는 활동을 함께하는 사람끼리 친구가 될 가능성이 더 높다는 것입니다.

그러므로 아이에게 친구를 만들어 줄 때는 우선적으로 아이가 좋아하는 놀이를 같이 할 수 있는 또래 친구를 만들어 주는 것이 좋습니다. 좋아하는 놀이를 또래 친구와 함께하는 과정을 통해 아이들은 서로 대등한 입장에서 타인과 협력하는 방법, 원하는 것을 적절하게 표현하는 기술, 필요한 것이 있을 때 효과적으로 요구하는 방법, 갈등이 있을 때 해결하는 기술 등을 자연스럽게 배우게 될 것입니다. 또 또래 친구와의 관계 맺기가 익숙해지면 다른 연령대의 친구와도 어울릴 수 있는 기회를 만들어 주세요. 자신보다 나이가 조금 많거나 어린 친구와 어울리면서 아이는 또래 관계에서 터득한 사회적 기술과 대인관계 능력을 토대로 다른 사람을 배려하거나 돕는 경험을 할 것이며, 누군가를 따르거나 협력하고 이끌 수 있는 기회를 얻을 것입니다.

때로는 전혀 다른 성격과 환경을 가진 아이와 친구가 되는 것도 참 좋습니다. 서로 다른 개성을 지닌 무리 속에서 상호 보완적인 역할을 하며 다양한 사회적 역할을 경험하는 것은 아이의 관계 및 사회성 발달에 엄청난 도움이 될 수 있습니다.

공감능력이 높은 아이가 성공합니다.

아이가 어느 분야에서든 전문가가 되기를 원한다면 공감능력이 뛰어난 아이로 키워야 합니다. 기업에서 프리젠테이션을 맡은 담당자가 갖춰야 할 능력이 있다면 무엇일까요? 기본적으로 깊이 있는 전문지식과 세련된 화술은 당연히 갖춰야 할 능력이겠지만,

이와 함께 성공적인 프레젠테이션을 위해서라면 공감능력을 가장 우선적으로 갖춰야 할 것입니다. 프레젠테이션의 궁극적인 목표는 고객의 마음에 구매 욕구를 일으키는 것인데, 발표를 마쳤을 때 고객으로부터 '저 기술을 도입하고 싶다', '저 기업에 일을 맡기고 싶다', '저 제품을 구입하고 싶다'는 마음을 이끌어 내는 비법이 공감능력에 달려 있기 때문입니다.

다른 일에서도 마찬가지입니다. 중년의 가장이 생명보험 가입을 알아본다면 만약의 사태에 가족들이 겪게 될 어려움을 걱정하는 마음일 것이고, 지역 문화센터에 출강하는 강사가 연비 좋은 실속형 세컨드카를 구입한다는 것은 장거리까지 출강 지역을 넓혀 더 많은 지역에서 강의를 하기 위함일 것이며, 나이 오십에 이른 경력 단절 주부가 새로운 결심으로 자격증 공부에 도전하는 것은 또 다른 인생 2막의 꿈을 설계하고 싶은 마음일 것입니다.

또 똑같은 단체여행상품이라고 하더라도 회사의 CEO로서 여행상품을 계약할 때와 친목동호회에서 여행상품을 계약할 때는 엄연히 여행의 목적이 다를 것입니다. 여기서 여행 판매자는 똑같은 상품이라 하더라도 각각의 고객들이 가지고 있는 니즈를 정확히 파악하여 고객에게 가장 잘 맞는 서비스를 제공해야 하며, 이때 가장 요구되는 능력이 바로 공감능력입니다. 아무리 뛰어난 기술과 전문적인 지식을 갖춘 사람이라 할지라도 상대방의 마음을 세심히 헤아리지 못하면 직종을 불문하고 그 분야에서 최고의 위치에 도달하기가 어렵습니다. 그러므로 내 아이의 성취와 성공이 최고의 경지에 달하길 바란다면, 어릴 때부터 공감능력이 높은 아이로 키우는 것이 중요합니다.

그러나 자기분야에서 최고의 위치에 도달하는 것이 곧 '일등만능주의'를 지향하는 것은 아닙니다. 시대가 변하면서 이미 다양한 삶의 방식이 존중받고 있고, 성공의 기준도 다양해지고 있습니다. 부와 명성, 학력과 같은 기존의 절대적인 성공기준보다는 자신이 원하는 일을 통해 자아실현을 이룰 수 있는 주관적 기준이 개인의 성공 여부를 가리는 중요한 기준으로 바뀌어 가는 시대이기도 합니다. 이처럼 갈수록 다원화되는 사회 속에서 타인과 더불어 조화로운 삶을 영위하기 위해 요구되는 능력 또한 공감능력이며, 이는 단지 한 개인의 성공만이 아니라 가정과 사회, 국가와 인류를 좀 더 평화로운 세상으로 나아가게 하는 원동력이 될 것입니다.

Special Column

아이에게 필요한 세 가지 사회적 능력

첫째, 다른 사람과 관계를 맺는 능력 - 타인의 마음을 인식하기
(상대방의 언어, 표정, 몸짓 등 여러 가지 사회적 신호를 이해하는 능력)

- 적절한 신체 언어를 사용하며 자신을 표현하기
- 타인이 자신을 어떻게 느끼는지 가늠하고 그에 따른 태도를 취하기
- 자신의 감정과 상대방의 감정을 동시에 인식하기
- 타인의 이야기를 듣는 것과 말하는 것 사이의 균형을 유지하기
- 지나치게 빨리 말하거나 너무 늦게 대답하지 않기
- 대화할 때는 일정한 심리적 거리를 유지하기(너무 가까이 다가서거나 너무 멀리 떨어지지 않기)

― *Special Column* ―

- 부적절한 소통방식 교정하기(친구를 때리면서 웃는 것, 지나치게 큰소리로 말하는 것, 남의 이야기를 끊는 것, 화제에서 벗어난 엉뚱한 이야기를 하는 것)

둘째, 타협하고 해결하고 훌륭한 구성원이 되는 능력

- 다른 사람들을 이끌어 가는 리더십
- 다른 사람을 잘 따르고 협조하기
- 자랑하거나 공격하거나 비난하지 않기
- 화내거나 울지 않더라도 차분하게 감정을 전달하기
- 거절하는 기술 익히기
- 조언과 충고의 기술 익히기
- 잘못을 인정하고 사과하기
- 입장 바꿔 생각해 보기
- 갈등 해결능력 기르기

셋째, 동정과 연민, 사랑과 관심을 갖고 표현하는 능력

- 누구에게나 힘든 일이 있을 수 있음을 알기
- 타인의 어려움을 안타깝게 여기고 돕고자 하는 마음
- 필요할 때 도움을 요청하는 방법과 도움을 요청해야 하는 상황 인식하기
- 타인을 위로하기
- 국가와 성별, 피부색, 종교에 대한 편견을 버리기

내 아이를 위한
엄마의 뇌 공부

제4부

연령별 뇌 발달 포인트

01

영아기

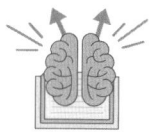

　아이의 뇌는 모든 부위가 동시에 같은 속도로 발달하는 것이 아니라 어떤 부위는 일찍 발달하기 시작하여 일찍 발달을 멈추는가 하면, 또 다른 부위는 늦게 발달하기 시작하여 오랜 시간 동안 서서히 발달하기도 합니다. 이러한 뇌의 발달 순서는 아이가 성장하면서 나타내는 다양한 능력의 발달 곡선과 일치하기 때문에 아이의 뇌가 발달하는 시기에 따라 그에 맞는 적합한 교육이 이루어져야 하며, 이것이 적기 교육의 핵심입니다.

출생 이후 아이의 뇌는 크게 5단계의 뇌 발달 시기를 거쳐 발달합니다. 시기에 따라 오감이 발달하고 뉴런을 연결하는 시냅스가 급격히 발달하는 생후 1년까지의 영아기(1단계), 관계를 통한 정서적 안정의 기초를 다지는 생후 36개월까지의 영유아기(2단계), 창의력과 사회성이 발달하기 시작하며 전두엽과 우뇌가 발달하는 학령 전까지의 유아기(3단계), 언어의 뇌가 발달하고, 이어서 수학과 논리, 추상적 개념이 발달하는 학령기(4단계), 마지막으로 시각의 뇌가 발달하고, 뇌의 전체적인 리모델링이 일어나는 청소년기(5단계)로 나눌 수 있습니다.

영아기(0~12개월)

갓 태어난 신생아의 뉴런들은 미숙하고, 축색돌기를 보호해 주는 수초 역시 부족하며, 뉴런과 뉴런 사이의 연결 틈새인 시냅스도 그리 많지 않은 상태입니다. 이 시기에는 1층 뇌인 뇌간과 2층 뇌인 변연계의 일부 영역이 아이의 생존을 위해 활발하게 활동하는데, 생명의 뇌인 1층 뇌 뇌간은 아이들이 태어날 때 이미 거의 발달된 상태이기 때문에 갓 태어난 아이들도 심장박동, 혈압, 호흡 등을 스스로 조절할 수 있으며, 변연계에 속해 있는 편도체 또한 상당히 발달된 상태이므로 위험이나 불쾌감을 감지하며 생존을 위해 일합니다.

생후 1개월 무렵부터는 아기들의 뇌에서 감각동작피질(**두정엽 일부와 전두엽 일부**)이 집중적으로 발달하면서 아기들은 활발한 탐색활동을 통해 지적발달의 기반을 마련하는데, 이 시기는 피아제(Jean Piaget)의 '감각운동기'에 해당합니다. '감각운동기'라는 이름처럼 이 시기 아기들은 보고, 듣고, 빨고, 만지고, 냄새를 맡는 등 오감을 통해서 세상을 탐색하며 뇌의 시냅스를 정교화합니다. 특히 촉각수용기가 많은 입을 통해 사물의 질감을 느끼려 하기 때문에 청결하고 안전한 소재의 놀잇감을 제공해야 하고 안전한 놀이 환경을 마련해 주어야 합니다.

신체 발달이 곧 두뇌 발달

아이들은 첫돌이 되기까지 4단계의 운동발달 과정을 거칩니다. 생후 3개월까지의 1단계는 척수 위에 위치한 연수의 발육 단계로서 아이들이 한자리에 누워서 손발만 버둥거릴 수 있는 단계입니다. 그다음 2단계인 생후 5개월이 되면 연수 위에 위치한 뇌교의 발육 단계로서 아이는 뒤집고 엎드리고 배로 기는 동작을 할 수 있습니다. 생후 10개월 즈음까지인 3단계는 양손과 양발을 사용하는 '기기' 단계로 이때는 보통 기어 다니는 시기이며 이 시기는 중뇌의 발육 단계와 일치합니다. 마지막 4단계는 아이가 손으로 잡고 일어서 걷기를 시작하는 생후 1년 즈음의 시기이며, 제일 위에 위치한 대뇌피질이 발달합니다.

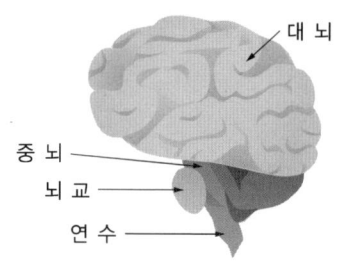

많이 기어 다닐 수 있게 해 주세요

아이의 운동능력은 단순히 신체 발달을 위한 것만은 아닙니다. 앞에서 살펴본 바와 같이 아이의 운동능력이 발달하는 과정은 뇌가 발달하는 과정과 밀접하게 연관되어 있기 때문입니다. 아이의 성장을 주관하는 다양한 신경회로가 신체 정보를 처리하는 과정에서 운동능력과 균형감각 등을 발달시키고, 또한 이 과정에서 뇌의 신경회로가 인지발달 및 정서발달에도 영향을 끼친다는 것을 알 수 있습니다. 결국 '신체 발달이 곧 뇌의 발달'이며, 이러한 이유로 영아기의 발달에 있어 중요한 것은 '신체 발달의 모든 단계를 거치는 것'입니다. 특히 네 발로 기는 단계가 생략되거나 기는 기간이 너무 짧아지지 않도록 해야 하는데, "기기"는 아이들의 신체 발달과 뇌 발달, 특히 언어발달과도 연관이 깊기 때문입니다.

가끔 5~6세가 되어도 생각하는 대로 말이 나오지 않아 어려움을 겪는 아이들 중에 양손과 양발로 기어 다니는 시기에 '기기'가 많이 부족했던 경우를 볼 수 있는데, '기기' 부족으로 인한 중뇌의 발육 과정이 충분하지 않았던 것이 원인이 될 수 있습니다.

그러므로 아이를 보행기에 태우는 시간을 최소한으로 줄이고, 기어 다닐 수 있는 시간을 최대한 늘려 주세요. '기기'는 다른 동작들과 달리(예를 들어 '걷기'와 같은 동작은 앞으로도 평생 동안 사용하게 될 동작이지만), 걷기가 완전해진 이후로는 잘 사용하지 않는 동작이기 때문에 평생을 통해 가장 많이 기어 다닐 수 있는 잠깐의 시기를 놓치지 않아야 합니다.

이 시기 아이는 '기기'라는 기동력을 갖춤으로써 이동을 하며 느끼게 되는 다양한 공간변화를 통해 시각적 변화나 청각적 변화를 인지할 수 있고, 단순히 대근육의 발달만 하는 것이 아니라, 상하좌우의 신체 조절능력, 귀 안에 있는 전정기관의 자극과 고유수용감각에 대한 자극 등을 접할 수 있으며, 신체 발달은 물론 지적 능력과 공간 감각 능력을 발달시킵니다.

보행기, 발달에 도움이 될까?

보행기를 사용한 아기 102명과 사용하지 않은 아기 88명을 대상으로 실시한 연구에 의하면, 보행기를 사용한 아기들은 보행기를 사용하지 않은 아기들보다 기고 서고 걷는 것이 모두 늦었다. 이와 함께 보행기를 사용하는 시간이 24시간 늘어날 때마다 아기가 혼자 일어서기까지 걸리는 시간은 3.7일, 혼자 걷기까지의 시간은 3.3일이 지연된다는 보고도 있다.

보행기의 원래 목적이 아이가 빨리 걸을 수 있게 하기 위한 것이었으나, 보행기를 많이 사용할수록 그만큼 아이가 기어 다닐 수 있는 시간이 줄어듦으로써 아이의 신체 발달과 지적 능력을 지연시킨다는 정반대의 결과가 나타난 것이다. 이는 단지 아이의 걸음마 시기를 앞당기는 것이 중요한 것이 아니며, 신체 발달의 모든 단계를 거치는 것이 중요한 것이라는 방증으로 볼 수 있다.

아이를 키우다 보면 단지 걸음마를 위해서만이 아니라 집안일을 처리하는 등의 여러 가지 이유로 인해 보행기를 사용하게 된다. 하지만 아이의 건강한 성장발달에 있어 '기기'의 중요성을 상기하며 보행기 사용을 최소한으로 줄이는 노력이 필요하다.

교차 동작은 좌우뇌 균형 발달의 초석

아이들의 몸에는 눈에 보이지 않는 가상의 선이 있는데, 이것을 '정중선(midline)'이라고 합니다. 몸의 좌우, 상하, 전후를 기준으로 각 방향의 중심이 되는 '정중선'은 아이의 신체 부위를 나누어 개별 활동을 하게 하거나 또는 여러 신체 부위를 함께 움직일 수 있게 하는 등 아이들의 정교한 신체 움직임에 있어 중심점 역할을 합니다.

▌정중선(midline)

앞뒤 정중선

왼쪽 오른쪽 정중선

위아래 정중선

뇌와 운동 사이에는 교차성 원리가 작용하기 때문에 사람의 동작 중에는 걷기, 달리기, 자전거 타기 등과 같이 정중선을 넘나드는 좌우왕복 패턴의 교차 동작이 많습니다. 이러한 기본적인 동작과 관련된 뇌의 발달은 생후 36개월 정도면 거의 다 완성되기 때문에 아이들이 충분히 기어 다닐 수 있도록 하는 것은 운동발달의 기초를 형성하는 데 매우 중요한 역할을 하며, 교차 패턴으로 이루어지는 동작을 통해 아이들의 왼손과 왼다리는 교차적으로 우뇌를 활성화시키고, 오른손과 오른 다리는 좌뇌를 활성화시키면서 이러한 동작들이 좌뇌와 우뇌를 연결하는 뇌량을 튼튼하게 해 줍니다.

애착형성, 언어발달

영아기 아이의 뇌에 가장 크게 영향을 미치는 외부 자극은 '양육자의 보살핌'입니다. 영아는 전적으로 양육자를 의지하고 가까이하려고 하는 특성을 보이며, 이것을 애착(attachment)이라고 합니다. 이 시기에 안정적인 애착을 형성한 아이는 정서가 안정되어 주위 사물을 활발하게 탐색할 수 있는 반면, 양육자와의 애착형성이 불안정한 아이는 세상에 대한 신뢰와 호기심을 갖지 못하며 불안해하고 위축되어 있습니다. 안정적인 애착형성을 위해서는 아이의 생리적 욕구를 충족시켜 주고, 정감 어린 말과 다정한 눈빛, 따뜻한 포옹 등 충분한 신체 접촉과 정서적 보살핌이 꼭 필요합니다.

언어발달에 있어서도 양육자의 역할이 중요합니다. 아이의 뇌 속에 있는 언어 센터는 사람과의 실제 상호작용을 통해서 활성화되기 때문에, 이 시기 아이에게 '수다쟁이 엄마'는 언어발달을 촉진하는 최고의 양육자입니다. 하지만 반대로 양육자가 지나치게 내성적이거나 말수가 적으면 아이의 언어발달이 늦어질 수 있습니다.

영아기는 아직 말을 못하는 시기이지만 영아기 때부터 아기에게 책을 읽어주는 것은 아이의 언어발달과 애착형성에 매우 많은 도움이 됩니다. KBS 특집 다큐멘터리 [읽기혁명] 제작팀은 약 1년 동안 국내는 물론 미국, 일본, 핀란드 등의 영유아 교육, 인지심리, 소아 정신과, 뇌 과학 등 각 분야의 전문가들과 함께 '책 읽기'에 대한 다양한 사례를 취재했는데, 이 과정에서 '태어나자마자 책을 읽어주면서 형성되는 부모와의 긍정적인 유대와 애착형성은 아이의 뇌 발달에 가장 강력한 토대가 된다'는 결론을 얻었다고 합니다.

7~12개월 아기에게 처음으로 보여 주는 그림책으로 적합한 것은 아기가 실제로 본 것을 그림으로 확인시켜 주는 '재확인 그림책'입니다. 책을 고를 때는 아기의 눈에 구별되기 쉬운 선명한 색채와 다양한 질감, 사물의 특징을 잘 나타낸 그림책을 선택하는 것이 좋습니다. 아기에게 다양한 소재의 촉감책을 만지게 하고, 아기가 직접 손을 뻗어 책장을 넘길 수 있게 해 주세요. 또 플랩북이나 팝업북으로 까꿍 놀이를 하거나 소리가 나는 책을 이용해서 악기나 사물의 소리를 들려주는 것도 좋습니다. 이와 함

께 귀여운 동물이나 아기가 먹어 본 음식을 책을 통해 확인하게 해 준다면 아기는 강한 흥미를 보일 것입니다.

하루에도 수없이 엄마의 얼굴을 바라보는 아이는 책을 읽어 줄 때 다양하게 변화하는 엄마의 표정과 목소리에 흥미를 느끼며, 이러한 상호작용은 언어발달과 애착형성의 초석이 됩니다. 그러나 미디어를 통한 일방적인 자극은 아이의 언어발달에 별다른 도움이 되지 않습니다. 앞서 살펴보았듯이 아이의 뇌 속에 있는 언어센터는 사람과의 실제 상호작용(**양방향 소통**)을 통해 활성화됩니다. 이러한 이유로 아이가 동영상과 같은 일방향적인 미디어 자극에 반복적으로 노출된다면, 단어의 수는 증가할지 몰라도 일상에서 주고받는 언어(**구어체**)의 발달은 오히려 저하될 수 있습니다.

아이를 계속 울게 둬도 될까?

아기가 자지러지게 우는 순간에는 신체의 내부기능을 조절하는 자율신경계가 균형을 잃으면서 아이의 몸과 마음에 혼란이 일어난다. 아기는 이러한 신체적 흥분을 혼자 힘으로 통제할 수 없으므로 엄마의 도움 없이는 자신의 스트레스 호르몬 농도나 신체 각성상태가 정상으로 돌아가지 않는다. 미국의 정신의학자인 마가렛 리블(Margaretha A. Ribble)의 연구에 의하면 울고 있는 아기에게 엄마가 자상한 반응을 보이면, 아이의 자율신경계가 정상화되고 그 효과도 오래 지속되는 것으로 밝혀졌다. 이처럼 울고 있는 아이를 엄마가 안아주면 아이의 뇌에서 마음을 안정시켜 주는 옥시토신과 오피오이드가 분비된다. 그러므로 우는 아이에게는 엄마의 위안과 돌봄이 필요하다. 특히 생후 1년까지는 아이가 울면 즉각적으로 반응하고 최대한 빨리 달래주고 안아주도록 해야 한다. 아기에게 있어 엄마는 자신의 미성숙한 뇌와 신체 체계를 순식간에 조절해 줄 수 있는 마법사 같은 존재라는 것을 잊지 말자.

아이의 분리불안 이해하기

분리불안은 생후 6~8개월쯤 시작하고 종종 5세 이후까지 지속되기도 한다. 분리불안이 시작된 아이는 엄마가 보이지 않으면 몹시 당황하고 두려워한다. 에스토니아 출신의 신경과학자 자크 판크세프(Jaak Panksepp)의 연구에 의하면, 아이가 분리불안을 느낄 때 활성화되는 뇌 부위와 신체 통증을 느낄 때 활성화되는 부위가 같은 것으로 나타났다. 엄마와 아이가 한시도 떨어지지 않는다는 것은 불가능한 일이지만 아이가 넘어져서 무릎을 다쳤을 때 따뜻한 위로를 해 주는 것과 같이, 비록 눈에 보이지 않더라도 '분리불안'을 통해 아이가 느끼는 감정적 고통을 진지하게 받아주고 위로해 주어야 한다. 아이가 감정적으로 취약하고 힘들 때나 어려움에 빠졌을 때 엄마가 아이를 어떻게 위로해 주고, 어떻게 지지해 주는지는 매우 중요하다. 아이는 이러한 경험을 통해 어려움을 느낄 때 스스로 극복하고 조절하는 방법을 배우기 때문이다.

02

영유아기

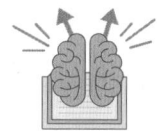

영유아기(12~36개월)

정서의 뇌가 발달합니다.

미국의 심리학자이자 감정 연구의 권위자인 캐럴 이자드(Carroll Izard)에 의하면 아이는 태어날 때 기쁨, 슬픔, 분노, 쾌감, 공포, 놀라움 등의 기본 감정을 가지고 태어나며, 이러한 기본 감정은 아이의 뇌가 성숙해지면서 점차적으로 다양한 감정으로 발달한다고 하였습니다.

갓 태어난 아기의 변연계는 두려움과 위기를 탐지하는 편도체와 변연계의 아랫부분 정도만 발달된 상태이기 때문에 신생아들은 단순하게 좋고 싫음의 감정만을 나타내다가 점점 변연계의 윗부분이 성숙되면서 기쁨이나 슬픔의 감정을 느끼고, 이후에는 점차적으로 기본 감정들이 더욱 다양한 감정으로 분화되고 발달하여 긍지나 수치, 죄책감과 질투 등의 다양한 감정을 느끼게 됩니다. 이처럼 아이의 정서발달은 단기간에 이루어지는 것이 아니라 뇌의 성숙과 함께 오랜 시간이 필요합니다.

따라서 감정의 뇌인 변연계의 발달이 활발하게 나타나는 영유아기에는 아이가 부모와의 관계를 통해 정서적 안정의 기초를 다지고, 부모를 통해 감정을 조절하는 법을 배우며, 이를 기반으로 자존감과 사회성을 발달시킬 수 있도록 아이의 정서발달에 특히 관심을 기울여야 합니다.

또한 이 시기 아이들의 뇌는 사고능력을 담당하는 전두엽이 아직 발달하지 않았기 때문에 아무리 교육적인 의도일지라도 부모가 엄격한 훈육을 하게 되면 아이는 그것을 감정의 뇌인 변연계로 처리하게 됩니다. 부모는 훈육을 통해 옳고 그른 것을 알려주려는 마음이겠지만 아직 사고능력이 발달하지 않은 아이의 뇌는 교육적인 의미를 이해할 수 없기 때문에 오로지 감정적인 것만 기억하게 되며, 이로 인해 부모가 기대했던 긍정적인 효과를 기대하기가 어렵습니다. 그뿐만 아니라 정서의 뇌가 발달하고 애착이 형성되는 중요한 시기에 감정적으로 혼란을 겪을 수 있습니다.

하지만 이 시기에도 아이의 안전에 위협이 되는 일에 있어서는 단호하고 분명한 태도를 보여 줌으로써 아이가 위험한 행동을 하지 않게 알려줘야 합니다. 최근에는 훈육의 의미 또한 다양하게 해석되고 있으며, 이로 인해 긍정 훈육, 스킨십 훈육 등 여러 이름의 새로운 훈육법들이 소개되고 있습니다. 다양한 육아법 중에서 내 아이에게 잘 맞는 방법을 참고하되, 가장 중요한 것은 영유아기 아이들에게 감정적으로 무서운 기억이 남지 않도록 하는 것입니다.

아이의 언어발달

영유아기는 아이들의 뇌에서 언어영역이 급격히 발달하는 시기인데, 언어를 이해하는 베르니케 영역(Wernicke's area)이 말을 할 수 있게 하는 브로카 영역(Broca's area)보다 좀 더 빨리 발달합니다. 그래서 아이들이 17개월쯤 되면 갑자기 말을 다 알아 듣는 것처럼 느껴질 만큼 언어에 대한 이해력이 놀라울 정도로 커지고, 이후 24개월이 지나면 아이들은 하루가 다르게 새로운 말을 하며 부모를 놀라게 합니다.

이 시기 아이의 언어발달은 부모가 아이에게 하는 말의 양에 따라 결정됩니다. 연구에 의하면 엄마가 말을 많이 해 준 20개월 아기는 말을 많이 해 주지 않은 아기에 비해 평균 131개나 더 많은 단어를 익혔으며, 24개월이 되었을 때는 그 차이가 더욱 커져서 단지 4개월 만에 습득한 단어의 차이가 무려 295개로 커졌습니다. 또 아이에게 자주 말을 걸고 아이의 말에 적극적으로 반응하는 부모의 아이들이 그렇지 않은 아이들에 비해 어휘력과 아이큐에서 높은 점수를 받았으며, 유치원에 입학할 때까지 언어적으로 빈곤한 환경에서 자란 아이와 언어적으로 풍부한 자극을 받고 자란 아이 사이에는 습득한 단어의 차이가 무려 3,200개나 되었습니다.

부모가 사용하는 말의 다양성도 언어발달에 중요한 영향을 미치는 것으로 나타났습니다. 명사와 형용사가 다양하게 포함되고, 길고 구체적인 문장을 많이 사용한 부모의 아이들은 언어능력이 더 빨리 발달했는데, 이 연구에 참여한 아이들의 언어능력을 아기 때부터 초등학교에 입학할 때까지 추적해본 결과, 영유아기에 나타났던 언어능력의 격차가 그대로 이어지는 것으로 나타났습니다.

이처럼 영유아의 언어발달에 있어 부모가 미치는 영향은 거의 절대적이기 때문에 이 시기의 부모는 보다 적극적이고 활발한 의사소통을 통해 아이에게 언어적으로 풍부한 환경을 조성해 주어야 합니다. 특히 부모와의 책 읽기는 아이의 언어발달과 애착형성에 큰 도움이 됩니다.

책 읽어주는 부모

영유아기의 아이는 호기심은 왕성하지만 아직은 추상적 사고가 불가능하기 때문에 실제로 본 것을 중심으로 이해하는 경향이 있습니다. 따라서 아이에게 읽어 줄 책을 고를 때는 아이가 친근감을 느낄 수 있도록 아이의 생활과 밀접한 관계가 있는 내용을 선택하는 것이 좋습니다. 예를 들어 동물이 주인공이 되어 간식을 먹거나, 양치질을 하는 등의 생활 그림책은 아이가 쉽게 이해할 수 있고, 생활습관 형성에도 도움이 됩니다. 또한 영유아기는 기초인지발달이 이루어지는 단계이므로 교육과 학습에 관련된 그림책을 읽어주어도 좋습니다. 색이나 모양, 다양한 사물의 특성을 알 수 있는 그림책을 선택하여 읽어 준다면 아이의 지적 호기심을 자극하고 충족시키면서 인지발달이 촉진될 것입니다.

또 짧은 글이 있는 그림책이라면 독특한 음과 리듬을 넣어 반복해서 읽어 주세요. 아이는 반복된 표현에 흥미를 느끼고, 운율을 따라 하며 기억력도 발달할 것입니다. 이와 함께 가족의 사랑을 친근감 있게 표현한 책을 읽어 준다면 아이의 정서발달에 큰 도움이 될 것입니다.

영유아기 아이는 아직 복잡한 이야기 구조를 가진 그림책은 이해하기 어렵기 때문에, 3~4명 이내의 등장인물을 중심으로 그림만 보아도 줄거리를 짐작할 수 있을 만큼 단순하고 반복적인 내용의 그림책을 선택하는 것이 좋습니다.

부모가 아이에게 책을 읽어 주는 것은 아이와 나누는 또 하나의 대화이므로 재미있는 문장을 반복하면서 아이가 따라 말할 수 있게 하거나, 질문을 주고받으면서 아이가 적극적으로 말하고 표현할 수 있도록 유도해 주세요. 특히 다양한 동작과 표정, 의성어 의태어를 풍부하게 사용하여 책을 읽어준다면 아이와의 상호작용도 한층 더 즐거워질 것입니다. 부모와의 책 읽기는 단지 언어 발달이나 학습을 위한 것만이 아니라 좋은 습관을 길러주고, 아이의 정서적 안정과 신뢰형성의 원천이 될 것입니다.

하지만 영유아기에 책 읽기를 지나치게 강조하다 보면 아이를 힘들게 하는 오류를 범할 수 있습니다. 영유아들의 학습능력을 스펀지에 비유하며 채워 넣기만 하면 모든 것을 다 쑥쑥 흡수하고, 원하는 대로 뇌가 발달할 것이라는 생각은 지나친 환상입니다. 오히려 인위적인 자극 때문에 정작 발달해야 할 부분과 시기를 놓칠 수 있습니다. 아이를 똑똑하게 키우는 것도 중요하지만, 몸과 마음이 건강한 아이로 기르는 것이 그보다 더 중요합니다.

스마트기기는 왜 해로울까?

아이는 부모의 얼굴을 마주보며 입 모양과 얼굴 표정, 소리를 관찰하면서 언어를 배웁니다. 말을 어떻게 해야 하는지 알기 위해 부모의 입술, 치아, 혀를 유심히 살피고, 좀 더 자세히 느끼고 싶을 때는 말하고 있는 엄마의 입에 손가락을 넣어보기도 하며, 시각, 청각, 촉각 등의 여러 감각을 동원해서 새로운 언어를 배웁니다.

엄마도 이런 아이를 보면서 그때그때 자연스럽게 말하는 방식을 바꾸고 조절하는데, 이런 행동은 본능적인 반응입니다. 사랑스러운 아이에게 집중하다 보면 내 아이의 눈빛이 언제 반짝거리고 어느 말투에 더 귀를 기울이는지 알 수 있으니까요.

이렇게 국적을 불문하고 대부분의 부모는 아이와 대화할 때 높은 톤으로 천천히 단어를 길게 늘려 말하는 '패런티즈(parentese)' 화법을 구사하면서 아이의 뇌가 엄마의 말을 잘 처리할 수 있도록 속도를 조절합니다. 하지만 아이가 영상을 볼 때는 어떠한가요?

화면에서 들리는 소리의 속도는 미숙한 아이의 뇌가 처리하기에는 너무 빠릅니다. 말이 휙휙 지나가는데 그렇다고 해서 아이가 마음대로 속도를 늦출 수도 없고, 소통할 방법은 더더욱 없습니다. 간혹 움직임 없이 영상을 보는 아이를 보며 아이가 굉장히 집중한다고 생각할 수도 있지만 이것은 집중한 것이 아니라, 쉴 새 없이 변하는 자극적인 이미지에 아이가 시선을 빼앗겼을 뿐입니다.

인간의 뇌는 움직이는 물체에 본능적으로 이끌리는 특성이 있기 때문에 빠르게 전환되는 영상을 보는 동안에는 아이들의 뇌에서 고차적인 사고를 담당하는 전두엽의 활동이 저하됩니다. 뇌의 입장에서는 이전 화면에서 본 것에 대해 의미나 심상을 형성하려고 하면 자꾸 다음 화면을 놓치게 되기 때문에, 차라리 영상을 보고 있는 동안에는 의미나 심상 형성의 과정을 생략해 버리는 것입니다. 이러한 이유로 어릴 때부터 빠르고 강렬한 미디어 자극에 반복적으로 노출된 아이의 뇌는 주어지는 정보를 대충 처리하는 습관을 갖게 될 수 있습니다. 무엇보다 반복적으로 자극적인 영상을 시청함으로써 아이의 뇌는 영상과 같이 빠르고 현란한 자극을 정상적인 자극으로 여기게 되고, 상대적으로 일상에서의 평범한 경험을 지루하게 느끼게 되는데, 이렇게 되면 뇌는 웬만한 자극에는 무덤덤한 상태가 되어 계속적으로 강한 자극만을 좇게 될 수 있습니다.

출생 이후 뇌 발달에 있어 가장 중요한 시기인 0~3세에는 부모와의 상호작용과 오감을 통한 균형적인 자극이 필요합니다. 오감 중 유독 시각과 청각만을 자극하는 영상을 보여 주기보다는 아이와 함께 얼굴을 마주하고 이야기를 나누고 충분한 스킨십과 신체놀이를 하는 것이 뇌의 고른 발달에 도움이 됩니다.

> **스킨십은 정서에도 좋고 뇌 활성에도 좋다.**
> 피부와 뇌는 연결되어 있다. 발생학적으로 피부는 뇌와 동일하게 외배엽에서 만들어지기 때문에 피부를 통해 받는 자극은 척수에서 간뇌를 통해 대뇌피질의 체성감각야로 전달된다. 동시에 변연계, 시상, 시상하부, 뇌하수체로도 전달되면서 정동이나 자율신경계, 내분비계 등에 영향을 미친다. 그러므로 스킨십은 아이의 정서에도 좋고 뇌의 활성에도 좋다.
> 아이에게 지속적으로 스킨십을 하면 아이의 인지능력과 환경적응력, 사람들과의 친밀한 관계 맺기에도 좋은 효과를 나타내며, 스킨십이 없어지면 쾌감 자극도 사라져 스트레스를 받게 된다. 이는 단지 영유아에게 국한된 것이 아니라 성인도 마찬가지이다. 스킨십에 의한 쾌감은 뇌의 활동을 활발하게 하지만 스킨십이 부족하면 반응이 느려지고 뇌의 활성화도 낮아지게 된다.

걷고 뛰는 놀이를 통해 뇌가 자랍니다.

영유아들은 아침에 일어나서 잠자리에 들기까지 쉬지 않고 움직입니다. 이렇게 시종일관 움직이는 것은 건강한 뇌 발달의 핵심이라 할 수 있습니다. 놀이를 하다 보면 저절로 몸을 많이 움직이게 되고 그로 인해 아이들의 소근육과 대근육 발달이 촉진되는 동시에, 신체와 연결된 뇌의 각 부위가 활성화되기 때문입니다.

뇌와 신체 부위의 연관성을 지도로 만든 캐나다 신경외과 의사 와일드 펜필드(Wilder Penfield) 박사는 뇌를 발달시키고 활성화시키려면 손과 입, 발을 많이 사용해야 한다고 했습니다. 그가 발표한 운동야의 기능 지도를 보면 입 주변과 손가락, 발에 대응하는 장소가 특히 넓은 면적을 차지하고 있으며, 체성감각야에서도 마찬가지로 얼굴과 손, 그리고 발에 대응하는 장소가 넓은 면적을 차지하고 있습니다.

▎ 펜필드의 지도

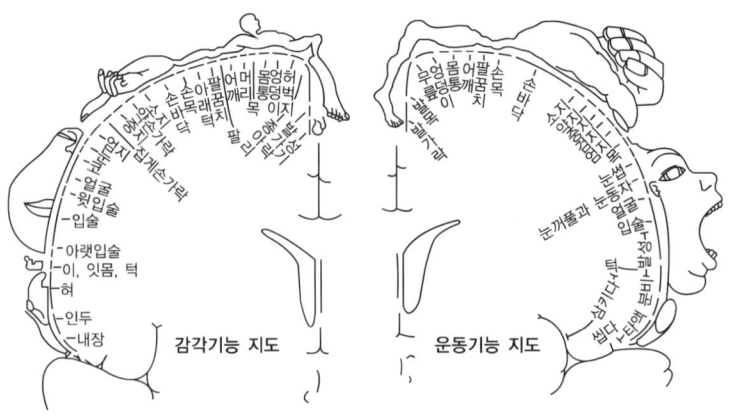

손가락을 정교하게 사용하면 뇌의 발달에 도움이 된다는 것은 이미 잘 알려진 상식이듯이, 아이의 뇌 안에서 발을 관장하는 영역 또한 넓은 면적을 차지한다는 것을 감안한다면, 아이에게 충분히 걷고 뛰어놀 수 있는 환경을 마련해 주는 것 또한 아이의 뇌를 발달시키는 좋은 방법이라는 것을 잘 알 수 있을 것입니다. 성인뿐만 아니라 아이에게도 걷는 것은 전신 운동이며, 걸음을 걷게 되면 뇌에 많은 양의 산소가 공급됩니다. 그러므로 하루에 한 시간 정도는 산책이나 야외활동을 통해 아이의 뇌에 충분한 산소를 공급해 주는 것이 좋습니다.

전 연령을 비추어 볼 때 영유아기는 신체 전반의 조절력과 협응 능력이 비약적으로 향상되는 시기입니다. 그러므로 활발한 신체놀이를 통해 단계적으로 힘과 속도, 거리를 조절하는 법과 균형감각을 익히고, 협응을 통해 대근육 운동과 소근육 운동의 난이도를 높여갈 수 있는 활동들이 필요합니다. 또한 뇌의 정보전달이 교차적으로 이루어지기 때문에 양손을 모두 사용하는 것이 좌우뇌의 고른 발달에 도움이 됩니다. 또 신체놀이뿐만 아니라, 상징놀이, 언어능력을 증진시키는 놀이, 자아존중감이나 사회성을 발달시키는 사회적 놀이도 함께 제공하도록 하고, 출생 이후 뇌의 발달이 가장 왕성한 시기라는 것을 고려하여 충분한 영양 공급과 충분한 수면이 필요합니다.

03

유아기

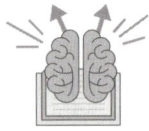

유아기(3~6세)

유아기는 창의력과 정서발달에 있어 매우 중요한 시기입니다. 아이의 전두엽이 발달해 가면서 아이는 자신의 감정을 조절하는 법을 배우고, 적절한 말과 행동을 통해 자신의 감정을 표현하는 것을 익히며, 종합적인 사고와 문제해결능력을 키워가는 시기입니다. 또한 공간 인식과 운동 제어를 담당하는 소뇌가 발달하는 시기이므로, 아이가 좋아한다면 악기 연주, 체조, 그림그리기 등의 예능 교육을 시작하기에도 적절한 시기입니다.

3~6세의 유아기는 자율성과 주도성이 발달하는 시기이기 때문에 아이가 스스로 결정하는 '선택의 주도권'을 가지는 것과 '성공 경험'을 쌓는 것이 매우 중요합니다. 이 시기의 아이들은 모든 일에 있어 자신이 중심이 되고 주인공이 되기를 바라며, 자신의 뜻대로 결정하고 행동하려 합니다. 부모는 이러한 발달 특성을 고려하여 아이에게 의견을 물어봐 주고, 가능한 아이가 스스로 의사결정을 할 수 있는 기회를 제공함으로써 아이로 하여금 자신이 결정한 것에 대해 주도권을 갖고 진취적으로 도전하면서 이를 통해 성취감을 느끼고 책임감을 기를 수 있도록 격려해 주어야 합니다.

뇌량의 앞부분과 전두엽이 발달합니다.

유아기에는 시냅스의 밀도가 점차 안정기에 이르러 시냅스의 형성과 제거가 균형을 이룹니다. 시냅스의 밀도가 급증했던 영유아기와는 달리, 유아기에는 시냅스의 형성은 감소하면서 시냅스의 밀도가 점차 안정기에 접어들기 때문에 뇌 무게의 증가도 안정을 찾게 됩니다.

이 시기에는 뇌량의 앞부분이 발달하면서 이로 인해 뇌량의 앞부분과 연결된 전두엽의 발달도 촉진됩니다. 따라서 유아기에는 양쪽 뇌의 교류와 전두엽의 발달을 촉진하는 자극과 활동이 필요합니다. 자전거 타기, 달리기와 같이 좌우대칭으로 교차적인 동작을 많이 할 수 있는 놀이나 온몸을 움직여 놀 수 있는 활발한 신체놀이가 매우 좋으며, 왼손과 오른손을 교차적으로 움직이는 율동이나 춤추기 등도 뇌량의 발달과 전두엽의 동작피질 발달에 기여합니다.

> **뇌량(Corpus Callosum)**
>
> 뇌량은 좌뇌와 우뇌를 연결하고 있는 커다란 신경섬유다발로, 인간의 뇌에 특히 발달되어 있다. 약 2억 5,000만 개의 신경섬유로 이루어져 있으며, 초당 40억 개의 메시지를 전달한다.
>
> 뇌량은 좌뇌와 우뇌에서 처리된 정보를 통합하는 중요한 역할을 담당하는데, 만약에 뇌량에 문제가 생기면 양쪽 뇌가 서로 무슨 일을 하는지 알 수 없어 큰 혼란을 겪게 된다.
>
>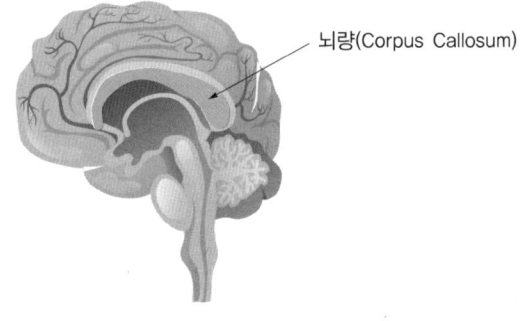

진심 어린 반응이 아이의 자존감을 높입니다.

유아기의 아이들은 사고를 담당하는 전두엽이 발달하면서 궁금한 것들이 많아집니다. 이로 인해 "왜?", "어떻게?"와 같은 질문이 많아지는 시기인데, 이때 부모는 아이에게 진정성 있는 반응과 답변을 해 주어야 합니다.

이 시기에 발달하는 '뇌량'은 좌뇌와 우뇌를 연결하는 다리 역할을 하면서 좌뇌와 우뇌가 받아들인 정보를 하나로 통합하는 기능을 합니다. 즉, 부모의 '말'을 처리하는 좌뇌와 부모의 '표정'을 처리하는 우뇌가 뇌량을 통해 양쪽 뇌의 정보를 통합하기 때문에 유아기 아이들은 눈치가 매우 빨라집니다.

이러한 이유로 유아기의 아이들은 부모가 하는 반응이나 답변에 진심과 성의가 담겨 있는지, 아니면 대충대충 무성의한 것인지 금세 파악합니다. 그래서 부모가 마음에도 없는 빈말을 반복하거나, 아이의 질문을 귀찮아하면 아이는 부모로부터 단절감을 느낄 수 있습니다.

앞서 살펴보았듯이 유아기는 자기주도성이 발달하고 자존감이 형성되는 중요한 시기입니다. 뇌량의 발달로 인해 눈치가 빨라진 아이들은 자신의 질문에 성의껏 답변해 주고 존중해 주는 부모의 반응을 통해 자신이 '귀찮은 존재'가 아니라 부모로부터 '소중한 존재'라는 것을 느낄 수 있으며, 그것이 자아존중감을 키워 갈 수 있는 기반이 됩니다. 그러므로 바쁘더라도 아이들의 질문에는 그때그때 성의와 관심을 기울여 주어야 합니다. 부모의 관심과 사랑이 필요한 순간을 무성의하게 지나친다면 아이는 그 순간에 받았어야 할 정서적 지지를 받지 못한 채 성장하게 됩니다. 아이의 발달에 '나중에'란 존재하지 않습니다.

화내는 엄마는 자존감 도둑

엄마가 화를 내면서 아이를 훈육할 때 아이에게 엄마의 말은 들리지 않습니다. 또한 겉으로는 괜찮아 보여도 아이는 자신에게 화를 내는 엄마가 무섭고 그로 인해 불안감을 느끼면서 그저 자신을 보호할 방법을 찾기에만 급급해집니다. 이는 지극히 정상적이고 본능적인 현상입니다. 아이의 뇌는 당장에 처한 위기를 피할 방법을 찾느라 바쁘기 때문에 누구라도 이런 상황에서는 자신의 행동을 돌아보고 앞으로 어떻게 행동해야 할지를 생각할 겨를이 없습니다. 그러므로 아이를 훈육할 때는 엄마의 감정을 가라앉히고, 어떤 행동이 왜 잘못되었는지를 차분하게 설명해 주어야 합니다.

또한 아이의 '존재'가 아니라 '행동'이 잘못된 것이라는 것도 분명하게 전해야 합니다. 예를 들어 아이가 그림책을 본 후 책꽂이에 꽂아두지 않고 바닥에 어질러 놓았거나, 밥을 한자리에서 먹지 않고 계속 돌아다니면서 먹는다면, 그 행동에 대한 잘못을 지적해야 하는데, "내가 너 때문에 못 살겠어.", "도대체 누굴 닮아 이 모양이니?" 등등의 말로 아이의 '존재' 자체가 잘못된 것이라는 메시지를 주어서는 안 됩니다.

유아기는 자아존중감이 발달하는 시기이며, 아이의 자존감은 부모가 아이를 어떻게 바라보고 평가하느냐에 따라 달라집니다. 자존감은 자신의 있는 모습 그대로를 가치 있게 여기고 사랑하는 힘인데, 나를 사랑하고 나를 지켜주는 부모가 나를 못마땅하게 여기고 부족하게 생각한다는 느낌을 받게 된다면 아이는 심하게 위축되고 자신감을 잃게 되며 자신을 부끄럽게 여길 수 있습니다.

단지 공부를 위해서가 아니라 인생에서 겪게 되는 수많은 시련과 위기를 이겨내기 위해서는 무엇보다 스스로를 믿고 사랑하는 힘이 필요합니다. 그 어떤 상황에서도 아이의 존재를 기뻐하며, 있는 그대로를 인정하고 믿어 주는 것이야말로 아이의 자존감을 키우는 법입니다.

인성교육의 결정적 시기

전두엽은 사고와 판단, 집중과 통제, 창조를 담당할 뿐 아니라, 감정의 뇌를 조절하고 인간성과 도덕성, 신앙심과(or 영성과) 같은 인간 최고의 기능을 담당합니다. 유아기는 아이들의 뇌에서 전두엽이 발달하며 이로 인해 아이는 점차적으로 자신의 욕구와 필요를 자각하는 능력을 갖추게 되고 자신의 감정을 조절하는 법이나 적절한 말과 행동을 통해 자신의 감정을 표현하는 법을 익히게 됩니다.

무엇보다 유아기는 아이들의 도덕성이 발달하는 중요한 시기이므로, 부모는 아이에게 옳고 그름을 알려 주어야 하고, 올바른 생활습관을 형성할 수 있게 해야 합니다. 또한, 자기중심적인 사고를 탈피해 남을 배려할 줄 아는 아이로 자랄 수 있도록 사회성 발달과 인성교육에 전심전력을 기울여야만 합니다. 아이들의 도덕성이 발달하는 유아기에는 책을 읽어줄 때도 옳고 그름에 있어 명확한 교훈이 있는 책, 예를 들어 권선징악에 대한 메시지가 있는 전래동화나 인성 동화를 읽어주는 것이 좋은 방법입니다.

도덕성은 자신의 잘못을 깨닫고 죄책감을 느끼며 같은 잘못을 다시 반복하지 않으려는 노력이 요구됩니다. 아이가 '공공의 가치'를 중요하게 여기고 우선시할 수 있으려면 무엇보다 부모가 먼저 공중도덕을 지키고 거짓말을 하지 않아야 하며, 다른 사람을 배려하고, 아이가 잘못된 행동을 했을 때에는 그것이 잘못된 행동이라는 사실을 분명히 알려 주어야 합니다.

아이들의 전두엽이 발달하면서 영유아기 때와는 달리 새로운 차원의 질서와 규범을 이해하고, 주의력과 억제력을 요구하는 자기조절능력이 생기기 시작하기 때문에 부모가 화를 내지 않고 무엇이 잘못되었는지 분명하게 알려주면, 아이는 나름의 규칙과 논리를 세워 자신의 행동을 돌아볼 수 있습니다. 또한 아이가 바른 행동을 했을 때는 칭찬과 보상을 통해 바른 행동을 강화시켜 주도록 하는데, 외적인 보상보다는 내적인 보상이 더 좋습니다. 이러한 경험이 반복되면서 아이는 스스로 바른 행동의 가치를 깨닫고, 선행이 주는 즐거움과 긍지를 느끼며 올바른 가치기준을 확립하게 될 것입니다.

한 사람의 기본적인 인격은 유아기에 형성됩니다. 교육의 본질은 단지 지식과 기술을 가르치는 것만이 아니라 사람으로서의 도리와 덕을 가르치는 것을 포함하며 이것이 훨씬 더 중요한 가치입니다. 그리고 이것은 학교나 사회의 역할이기에 앞서 가정의 역할이자 가정의 책임이기 때문에 부모가 평소에 도덕성 있는 생활을 하는 것이 가장 중요합니다. 아이의 '가치 기반'은 가정에서 부모를 통해 형성되는 것이기 때문에 그 어떤 교육도 부모 스스로 모범을 보이는 것만큼 좋은 방법은 없습니다.

인지능력이 발달합니다.

유아기는 아이들의 언어능력이 발달하면서 발음이 정확해지고, 제법 길고 복잡한 문장을 문법에 맞게 잘 말할 수 있는 시기입니다. 그러므로 이 시기에는 부모도 아이와 대화할 때 정확한 발음과 짜임새 있는 이야기로 아이에게 보다 풍부한 언어 환경을 조성해 주어야 합니다. 대화를 통해 아이가 문법적으로 완성된 말을 하게 하고, 방금 일어난 일을 설명하게 하거나, 지나간 일을 회상하며 이야기하기, 상상력을 동원한 이야기 만들기, 질문과 답하기, 요약하기, 계획을 말하기, 알고 있는 것을 설명할 수 있도록 해 주면 아이의 언어능력과 사고력이 부쩍 향상될 것입니다.

유아기의 아이는 사고의 규칙을 이해하고, 사물의 정확한 용도를 구별하며, 수의 개념이나 수 세기, 양이나 크기, 무게 등 다양한 영역에서 인지능력이 향상되기 때문에 취학 전까지 그림그리기, 암기하기, 주의집중하기, 읽기, 쓰기, 셈하기 등 본격적으로 학습을 시작할 수 있는 준비를 갖추게 됩니다.

또한 유아기는 창의력과 상상력이 풍부해지는 시기입니다. 이 시기 아이들의 상상 활동은 처음에는 주로 놀이를 통해 표현되다가, 놀이의 단계가 발전되면서 점차적으로 이야기나 책을 통해 얻은 지식들을 결합해 창조적인 능력으로 발전시키는데, 이 시기 아이들의 창의력과 상상력은 자신이 알고 있는 지식과 경험에서 비롯됩니다. 그러므로 유아기에는 아이에게 책을 읽어주거나, 아이와 부모가 함께 책을 읽도록 노력하는 것이 더욱 중요합니다. 상상의 폭이 커진 유아기 아이들은 다소 비현실적인 이야기일지라도 오히려 그것을 더욱 재미있게 받아들이며 흥미를 느낍니다. 따라서 상상력을 자극할 수 있는 이야기책이나 아이의 지적 호기심을 채워 줄 수 있도록 정보를 습득하고 간접 경험을 할 수 있는 책을 꾸준히 읽어 줌으로써 어휘력과 상상력, 창의력의 기반이 되는 배경지식을 넓히고, 이와 함께 다양한 체험 교육을 병행하여 지식 습득의 균형을 잡는 것이 바람직합니다.

유아기 독서지도 Tip
- 다양한 주제를 가진 이야기 책, 상상력과 호기심을 자극하는 책을 선택하기
- 그림책에서 시작하여 점점 내용이 많은 책으로 옮겨가기
- 아이와 번갈아가면서 책 읽기, 질문하고 대답하기
- 책에 나온 문장에 빈칸 메우는 놀이하기
- 책 속 등장인물들의 활동 따라 하기

유아기 추천도서
- 그림책
- 일상생활과 연관이 깊은 책
- 기승전결이 뚜렷한 이야기 책
- 권선징악이 명확한 전래동화, 인성 동화
- 자연관찰 및 과학 동화, 수학 동화
- 습관 형성에 도움이 되는 책
- 정보를 제공하는 책

친구들과의 놀이는 사회성 발달의 기초

아이들에게 '친구'는 사회성을 기르는 데 있어 꼭 필요한 요소이며, 유아기의 친구관계는 이후의 성장, 발달에 많은 영향을 미칩니다. 이 시기의 아이들은 친구를 사귀면서 놀이를 배울 수도 있고, 반대로 놀이를 통해서 친구를 사귈 수도 있습니다. 어느 쪽이든 유아기에 친구와의 관계를 통해서 우정과 관심, 소속감을 느낄 수 있다면 아이는 이후에도 신뢰하는 인간관계를 맺을 수 있지만, 그렇지 못한 경우에는 이후에도 신뢰하는 인간관계를 맺기가 어려울 수 있습니다.

아이는 친구와의 놀이를 통해 자신의 역할을 해석해 볼 수 있고, 때로는 다른 사람의 입장이 되어 생각해 보거나 예측하는 사고를 연습하게 됩니다. 아직은 감정조절과 행동통제가 부족한 유아들이지만 친구들과 싸우지 않고 사이좋게 지내고 싶은 욕구가 강하기 때문에 아이는 친구를 배려하고 친구가 싫어하는 행동을 스스로 조심하려고 노력함으로써 공감능력과 의사소통 능력을 키우고, 단계적으로 문제해결력과 갈등회복력을 갖추게 됩니다.

유아기는 아이들의 인지발달단계가 자기중심적 사고에서 벗어나 타인의 입장을 이해할 수 있는 단계로 넘어가는 첫 번째 관문인 만큼 아이가 친구와의 놀이를 통해 여러 가지 사회적 기술들을 연습하고 다양한 시도를 할 수 있는 기회를 충분히 마련해 주어야 합니다. 이 시기에 친구관계를 맺는 능력은 훗날 학교생활에 잘 적응할 수 있는 밑거름이 됩니다.

한 번 인싸는 영원한 인싸일까?

연구에 의하면 학창 시절의 교우관계는 개인의 성공에 매우 큰 영향을 주었다. 미국의 심리학자 존 코이(John Coie)는 인간의 사회 집단관계를 호감 vs 비호감을 기준으로 네 가지 유형으로 분류했는데, 그의 연구에 의하면 어린 시절 형성된 관계 유형은 환경이 바뀌어도 쉽게 변하지 않는다는 것이다.

그는 10세 아이들을 대상으로 환경에 변화를 주어 몇 번씩 반복실험을 했지만 아이들의 인기도는 달라지지 않았으며, 심지어 아이가 7세 즈음이면 한평생 인기 있는 사람이 될 것인지 아닌지를 알 수 있다고 하였다. 그래서일까?

어떤 사람은 어느 곳에 가든지 소위 말하는 '인싸'가 되어 주변에 항상 그를 좋아하는 사람들이 가득한 반면, 어떤 사람은 어디서나 소외당하고 심지어는 따돌림을 당하는 고통을 겪기도 한다. 또 제2차 세계대전이 끝난 후 미국 군대에서는 미군들의 정신 건강에 관련된 문제들을 대대적으로 연구한 바 있다. 훌륭하게 군 생활을 잘해내는 군인들이 있는 반면에 어떤 군인들은 군 생활을 제대로 하지 못하거나 심지어는 불명예제대까지 하는 군인들이 있었는데, 이 부분에 대해서 중점적으로 연구한 내용을 1960년 〈미 육군 메디컬 저널〉을 통해 발표했다.

이 연구 결과에 따르면 복역 기간 동안의 정상적인 직무 수행능력은 초등학교 시절의 인기 정도와 가장 밀접한 관련이 있는 것으로 나타났다. 어린 시절의 교우관계는 단지 학교 운동장이나 마을 놀이터에서만이 아닌 미래의 인생, 가정이나 직장 등 한평생에 있어 중요한 영향을 미친다는 것이다. 이뿐만이 아니다. 친구들로부터 인기가 있고, 없고의 문제는 한 사람의 인생관에도 깊은 영향을 미친다.

아동청소년심리를 전문적으로 연구하는 노스캐롤라이나 대학교의 임상심리학과 교수 미치 프린스틴(Mitch Prinstein)은 그의 저서 '모두가 인기를 원한다'를 통해 '어린 시절 인기가 있었다고 기억하는 성인'이 가정생활이나 직장생활과 인간관계, 그리고 자신의 사회적 지위에 대해 비교적 긍정적인 생각을 하고 있을 가능성이 크다고 하였다. 반면 '어린 시절 인기가 없었다고 기억하는 사람들'은 이와 정반대인 것으로 나타났다.

— Special Column —

만족지연능력이
높은 아이가 성공한다.

많은 학자들이 성공에 영향을 미치는 중요한 요소로 '만족지연능력'을 꼽는다. '만족지연능력'은 지금 당장의 만족을 추구하기보다는, 만족을 늦추더라도 더 나은 결과를 위해 자신의 정서와 동기를 조절하는 능력을 말하는데, 이와 관련된 유명한 실험으로 미국의 심리학자 월터 미셸(W. Michel) 교수가 스탠퍼드 대학의 어린이집 아동들에게 실시한 '마시멜로 실험'이 있다.

연구자가 만 4세의 아이들에게 마시멜로를 하나씩 나누어 주며, "이 마시멜로를 먹고 싶으면 언제든지 먹어도 좋아요. 하지만 내가 잠시 나갔다 올 때까지 이 마시멜로를 먹지 않고 기다린다면, 마시멜로 하나를 더 주겠어요."라고 말한 후 밖으로 나갔다.

예상대로 많은 아이들이 몇 초 만에 마시멜로를 입에 넣었고, 몇몇 아이들은 처음에는 참고 기다리다가 결국 마시멜로를 먹고 말았다. 그러나 와중에도 마시멜로를 하나 더 받기 위해서 끝까지 참고 기다린 아이들이 있었다. 이후 이 실험은 아이들의 성장 과정을 살피는 장기 연구로 전환되었고, 14년간의 추적연구 결과에서 마시멜로 실험의 예측 타당도가 놀라울 정도로 높다는 사실

── Special Column ──

이 드러났다.

만 4세 때 먹고 싶은 유혹을 참아냈던 아이들은 그렇지 못했던 아이들보다 학업이나 인간관계, 자기표현과 좌절에 대처하는 능력이 뛰어났으며, 청소년기에도 하고자 마음먹은 것을 끝까지 해내는 힘이 있었으며, 비만도 및 약물 사용 빈도도 낮았다. 또 미국의 대학입학시험인 SAT 점수는 평균적으로 210점이나 높게 나타났다. 본 연구는 실험에 참가한 아이들의 가정환경과 어른에 대한 신뢰도에 따라 결과가 달라질 수 있다는 점에서 몇 가지 논란이 제기된 바 있으나, 이후 많은 연구를 통해 만족지연능력이 높은 사람이 학업과 일, 인간관계와 건강 등에서 더 좋은 삶을 살게 되는 것으로 나타났으며(Eisenberg et al., 2011), 펜실베니아 대학교 엔젤라 더크워스(Angela Duckworth)의 연구에서도 아이의 학업성취도를 예측하는 데 있어 '지능'보다 '자제력'이 더 신뢰할 만한 변인으로 밝혀졌다.

만족지연능력이 높은 아이로 키우려면

앞서 살펴보았듯이 '만족지연능력'은 당장의 만족보다 더 큰 만족을 위해 현재의 정서와 동기를 조절하는 능력이다. 자신의 정서와 동기를 조절하기 위해서는 우선적으로 자신의 정서와 동기, 즉 자신의 감정을 명확히 인식할 수 있어야 한다. 인식할 수 없는 것을 조절하는 것은 불가능하기 때문이다. 그러므로 만족지연능력이 높은 아이로 키우기 위해서는 아이가 자신의 감정을 명확히 인식할 수 있도록 부모가 아이의 감정을 있는 그대로 인정해 주고 수용해 주는 것이 중요하다.

─────── *Special Column* ───────

　만족지연능력은 무조건적으로 참고 인내하는 연습을 통해 길러지는 것이 아니라, 자신의 정서와 동기가 무엇인지 정확히 인식하는 것으로부터 비롯된다는 것을 기억해야 한다.

　뇌는 아무런 근거 없이 무조건적으로 해야 하거나, 억지로 하는 것을 싫어하기 때문에 '동기'가 필요하다. 아이에게 왜 기다려야 하는지, 왜 좀 더 참아야 하는지 이유를 설명해 주고, 참고 기다리면 무엇이 더 좋은지에 대해서 자세히 말해 주어야 한다. 아이는 스스로 왜 그래야 하는지 정확하게 인식할 수 있어야 당장의 욕구를 조절할 수 있다. 또 아이가 원하는 것을 참고 기다렸을 때, 하고 싶은 것보다 중요한 것을 먼저 했을 때는 칭찬과 함께 적절한 보상을 해 줌으로써 아이의 행동을 강화시킬 수 있다. 이때도 역시 외적인 보상보다는 내적인 보상을 활용하는 것이 바람직하다. 유아기는 자기주도성이 발달하는 시기인 만큼 아이에게 '선택권'을 준다면 매우 적절한 보상이 될 것이다. 그렇다고 무작정 아이에게 원하는 것을 선택하라고 할 것이 아니라, 부모가 지켜줄 수 있는 현실적인 범위 안에서 몇 가지를 제안한 후 그 안에서 아이가 선택권을 행사할 수 있게 하는 것이 좋은 방법이다. 이러한 경험을 반복하면서 아이는 당장은 지겹고 힘들지만, 이 상황을 잘 넘기면 더 큰 만족과 좋은 결과가 생긴다는 것을 알게 될 것이다.

04

학령기

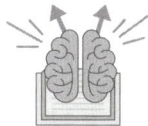

학령기(6~12세)

운동능력과 인지능력이 급격하게 발달합니다.

아이가 학령기에 접어들면 좌뇌의 발달이 활발해지면서 말하기, 글쓰기, 문제해결하기, 시험공부하기 등 논리적이고 체계적인 학교교육에 적응할 수 있는 상태로 발전하게 됩니다. 유아기 시기에는 공놀이를 할 때 동작이 매우 서툴고 공을 제대로 다루지 못했던 아이가 초등학생이 된 이후에는 공을 다루는 실력이나 던지는 힘, 민첩성이 눈에 띄게 발달하게 되어, 줄넘기나 수영, 스케이팅, 축구 등 여러 가지 대근육을 활용한 운동기능을 쉽게 습득할 수 있게 됩니다. 이로 인해 학령기 아이들은 다양한 운동과 게임을 즐기며 스포츠 경기에도 참여할 수 있게 됩니다.

이와 함께 학령기에는 중추신경계의 수초화가 진행되면서 소근육의 운동기능도 발달합니다. 이로 인해 아이는 글씨 쓰기나 악기 연주, 그림그리기, 종이접기 등의 정교하고 섬세한 활동도 능숙하게 해낼 수 있습니다. 이처럼 다양한 신체 근육이 급격히 발달함에 따라 아이들의 운동능력이 크게 발달하는 학령기는 새로운 운동기능을 습득하는 데 있어 최적의 시기라고 할 수 있습니다.

언어학습의 최적기입니다.

다음 언어기능의 연령별 성장률을 나타낸 그림을 살펴보면, 유아기 때는 뇌량의 맨 앞부분이 발달하다가 학령기에 접어들면서 뇌량의 발달 부위가 가운데 부분으로 이동합니다. 또한 유아기 때는 뇌량의 성장률이 60~80% 미만으로 아직 언어기능은 완전하게 발달하지 않은 상태라는 것을 알 수 있습니다.

그림에서와 같이 언어기능과 연상적 사고를 담당하는 칼로좀 이스무스(callosal isthmus)의 성장률은 6~12세에 가장 큰 성장률(80% 이상)을 나타내다가 13세 이후가 되면 다시 현저히 감소하는데, 이러한 결과는 6~12세에 해당하는 학령기가 언어학습의 최적기라는 것을 알게 해 줍니다.

■ 칼로좀 이스무스 : 두뇌 발달 시기 측정

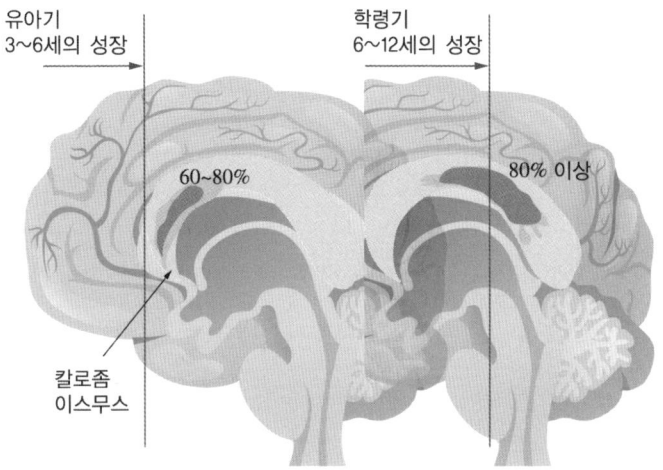

학령전기 – 청각과 언어를 담당하는 측두엽이 발달합니다.

측두엽은 소리를 듣고, 언어를 이해하고 해석하며, 청각 자극과 다양한 오감 자극을 통합하고, 변연계의 해마와 함께 기억을 합리적으로 조절하는 역할을 수행합니다.

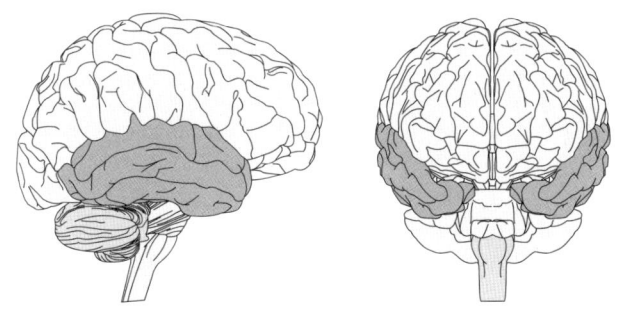

측두엽이 발달하면서 아이들은 문법적으로 완성된 말을 하고, 복잡하고 어려운 문장도 잘 이해할 수 있게 되기 때문에 이 시기에는 다양한 배경지식과 어휘력을 늘릴 수 있도록 풍부한 독서와 다양한 독후활동이 필요하며, 특히 토론 위주의 교육이 이루어져야 합니다.

또한 학령기에는 언어의 뇌가 발달하는 시기인 만큼 외국어를 배우기에도 가장 적합한 시기입니다. 최근에는 영어 교육을 아주 어릴 때부터 시작하는 경향이 있지만, 뇌과학적 측면에서는 대체로 만 6세가 지나 언어와 청각을 담당하는 측두엽이 발달하는 시기를 외국어 교육에 있어 가장 적합한 시기로 보고 있습니다. 또한 측두엽은 학령후기에도 지속적으로 발달합니다.

> **선행학습의 득과 실**
>
> 학습(學習)에는 '배움(學 배울 학)'만이 아니라, 반드시 배운 것을 복습하는 '익힘(習 익힐 습)'의 과정이 뒤따라야 한다. 이것이 학습의 원리이다. 배우기만 하고 익히지 못하면 온전한 학습이 될 수 없으므로 가장 중요한 공부습관은 바로 '복습'이다. 선행학습은 진도가 매우 빠르기 때문에 학교수업과의 연계가 이루어질 수 없고, 아이의 수준보다 너무 앞서가기 때문에 아이들에게는 어려울 것이므로 지겨울 수밖에 없다. 또 학원을 다니느라 정작 학교수업을 복습하거나 독서할 시간이 부족해지면서 기초학습이 흔들리고, 배경지식을 습득할 기회마저 잃게 만든다. 이뿐만 아니라 학원에서 배운 것을 학교에서 배우게 되면 이미 학원에서 배웠던 내용이므로 호기심이 사라진다. 더욱 심각한 문제는 학원에서 배웠지만 제대로 알지는 못하는 상태일 때 선행학습을 많이 한 아이들일수록 오히려 학습에 대한 자신감을 잃고 의욕이 낮다는 것이다.
>
> '자신감'은 본인 스스로 어떤 내용을 충분히 잘 알고 있다는 확신이 있을 때 나오는 것이다. 아이는 배운 내용이지만 자신이 잘 모른다는 것을 알기 때문에 더 공부에 대한 자신감과 의욕을 잃게 되는 것이다. 물론 선행학습이 도움이 되는 아이들도 많고, 부모로서 자녀교육에 다양한 시도와 도전은 해 볼 수 있다. 하지만 극소수의 우수한 아이를 기준으로 내 아이를 무조건 그 기준에 맞추는 것은 위험하다. 선행학습을 시키고 싶다면 아이에게 꼭 필요한 학습인지, 아이도 원하는지, 학교수업에 지장은 없는지, 무엇보다 아이가 할 수 있는지를 신중히 고려해야 한다.

학령후기 – 수학과 논리의 뇌 두정엽이 발달합니다.

측두엽의 발달과 함께 학령후기인 초등학교 고학년이 되면, '수학의 뇌' 또는 '과학의 뇌'라고 불리는 두정엽이 발달합니다. 전두엽의 바로 뒤, 대뇌의 맨 윗부분에 위치한 두정엽은 전두엽, 측두엽, 후두엽으로 둘러싸여 있기 때문에 각 영역과 복잡하게 연결되어 인체가 인지한 다양한 정보를 서로 연결하고 처리하는 역할을 합니다. 특히 귀를 통해 들어온 소리정보, 눈을 통해 들어온 시각 정보 등을 결합해 공간 감각을 구성하고, 계산이나 수학적 사고, 추리 능력을 담당하는 등 상당히 높은 수준의 정보처리를 담당합니다. 또 두정엽의 앞부분에 위치한 체감각피질 영역은 피부의 촉각과 통각, 온도나 압력 등에 대한 정보를 받아들입니다.

두정엽의 발달로 인해 아이들은 논리적 사고나 추상적 개념을 잘 이해할 수 있게 되므로 대부분의 아이들이 초등학교 고학년부터는 어려운 과학 원리나 수학 개념들을 원활하게 이해하고 학습할 수 있게 됩니다.

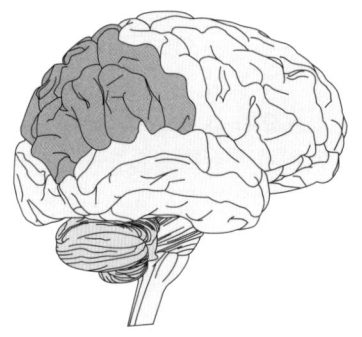

▎두정엽

학습격차가 나타나는 시기 – 자존감을 키워주세요.

학령기 아이들은 다양한 운동기능, 기초 지식, 언어와 수학, 논리적 사고가 발달하면서 많은 것을 성취하고, 이로 인해 근면성과 효능감을 키우게 됩니다. 그러나 이 과정에서 발생하는 개인차로 인해 자존감이 손상되거나 상처를 받는 아이도 있을 수 있습니다.

기존에 발표된 연구에 따르면 초등학교 3학년부터 자아존중감이 낮아지기 시작하고, 6학년이 되면 아이들의 자아존중감이 크게 떨어지는 것으로 나타났는데, 고학년이 되면서 아이들 간의 학습편차가 뚜렷하게 나타나는 것이 중요한 원인으로 작용한다고 알려져 있습니다.

미국의 심리학자 에릭슨(E. H. Erikson)은 이 시기 아이들이 경험하게 되는 심리사회적 갈등을 근면성 vs 열등감이라고 하였습니다.

> **에릭슨(E. H. Erikson)의 근면성 vs 열등감**
>
> 개인의 성격이 전 생애에 걸쳐 8단계의 심리사회적 발달단계를 거치며 발달한다고 주장한 미국의 심리학자 에릭슨(E. H. Erikson)은 학령기 아동은 공식적 교육이 시작되고, 운동능력이 향상되어 다양한 게임 및 경기에 참여하며, 또래집단을 중시하고 우정이 발달한다고 하였다. 또한 이 시기에는 아동이 열심히 노력하여 성취감을 느끼면 '근면성'을 획득하지만, 노력한 만큼의 결과를 얻지 못하면 자신이 뒤떨어진다고 느끼며, '열등감'을 획득한다고 하였다.
>
>
> ▎E. H. Erikson
> (1902~1994)

아이들이 자신에게 주어진 과제를 잘 완수하고, 자신이 속한 공동체의 일원으로서 맡은 역할을 잘 해내며 순조롭게 사회에 적응할 때는 '근면성'이 형성되는 반면, 반대로 자신에게 주어진 일을 잘 해내지 못하거나 학교생활에서 필요한 사회적 기술을 제대로 습득하지 못하는 경우에는 '열등감'을 갖게 된다는 것입니다. 이러한 아이의 발달 특성을 고려한다면 다른 아이와의 비교는 아이로 하여금 열등감과 수치심을 느끼게 할 수 있고, 이런 경험이 반복되면 아이는 의욕을 상실하고 심할 경우 무기력을 학습하게 됩니다.

실제로 학업성취가 반복적으로 좌절된 아이들이 무력감을 느끼고, 무기력을 반복학습 하게 된 아이는 자신이 무능하다고 여기며 이로 인해 새로운 과제가 주어졌을 때 무조건 실패할 것으로 예측하면서 도전하거나 노력하는 것 자체를 아예 포기해 버리므로, 무력감이 한층 강화되고 계속적인 악순환에 빠지게 됩니다. 아이들 사이에서 '수포자'라는 말이 일상적인 것도 이와 무관하지 않습니다. 심지어 특정 과목 하나에 대한 무력감이 모든 과목으로 일반화되기도 하는데 학습된 무기력이 아이의 학업태도는 물론이고 나아가 성격의 일부로 고착될 수 있습니다.

> **학습된 무기력을 학습된 낙관성으로!**
> 미국의 심리학자 마틴 셀리그먼(Martin Seligman, 1942~)은 그의 동료 스티브 마이어(Steve Maier, 1943~)와 함께 여러 마리의 개들을 세 집단으로 나누어 실험을 했다. A 집단의 개들은 잠시 동안 우리에

가뒀다가 풀어 주었고, B 집단의 개들은 우리 안에서 전기충격을 주되, 개들이 버튼을 누르면 전기충격을 멈출 수 있게 했다. C 집단의 개들에게도 전기충격을 주었는데, C 집단에는 아무리 버튼을 눌러도 전기충격을 멈추지 않도록 하였다.

이 C집단의 개들에게 있어 전기충격은 피할 수 없는 고통이었으며, 언제, 어떻게 전기충격이 올지 예측할 수 없는 고통, 즉 스스로의 힘으로는 통제할 수 없는 것이었다. 이후 A, B 집단의 개들은 우리에서 풀어주자 얼마 안 있어 활발히 뛰어놀았지만, 전기자극을 멈출 수 없었던 C 집단의 개들은 잘 먹지도 않고 혼자 있으면서 침울해하고 무기력했다.

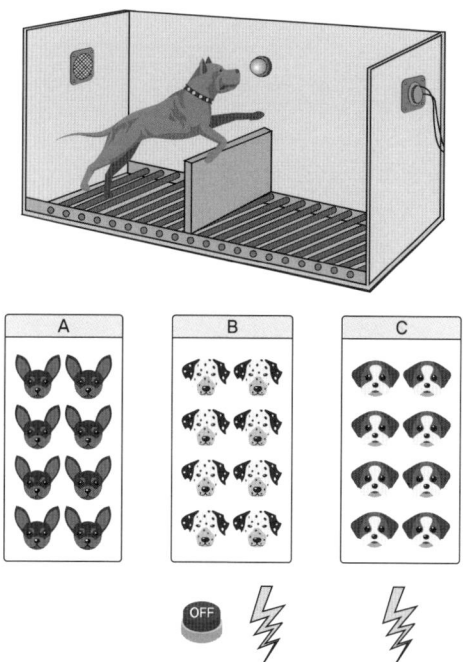

셀리그먼의 두 번째 실험에서는 우리를 반으로 나누어 한쪽에서 전기충격이 올 때 개들이 반대쪽으로 뛰어넘으면 전기충격을 피할 수 있도

> 록 장치하였다. 실험 결과 앞서 A, B 집단의 개들은 전기충격이 오자 쉽게 반대쪽으로 뛰어넘어 전기충격을 피했지만, 피할 수 없는 전기충격을 받아왔던 C 집단의 개들은 전기충격이 와도 반대쪽으로 뛰어넘어가지 않고 그대로 전기충격을 받으며 무력하게 누워 있을 뿐이었다. C 집단의 개들은 아무리 피하려 해도 전기충격을 피할 수 없었던 무력감을 반복학습을 했기 때문에 피할 수 있는 상황이었음에도 시도조차 하지 않았던 것이다.
>
> 셀리그먼은 이를 '학습된 무기력(learned helplessness)'이라고 규정했다. 이처럼 아무리 노력해도 어쩔 수 없다는 무력감이 학습되면 의욕을 상실하게 된다. 이는 아이들도 마찬가지이다. 열심히 공부했지만 성적이 좋지 못하거나, 학교생활을 잘하기 위해 솔선수범했으나 좋은 결과가 나오지 않을 수도 있다. 그러나 이런 일을 반복적으로 경험하면 무기력이 학습되어 결국 아무런 도전이나 변화를 시도하지 않게 되는 것이다.
>
> 셀리그먼은 '무기력'이 학습되는 것과 같이 '낙관성'도 학습된다고 하였다. 낙관성을 학습하기 위해서는 '성공 경험'이 중요하다. 그러므로 부모는 아이가 좋아하고 잘할 수 있는 일을 찾아 지지해 주어야 한다. 아이가 스스로의 힘으로 성공 경험을 늘려갈 때 낙관성을 학습할 수 있기 때문이다.

아이의 강점을 인정해 주세요.

마틴 셀리그먼(Martin Seligman)은 약점에 집중하기보다는 강점에 집중하도록 하며, 약점을 고치려고 노력하는 것보다 강점을 키우려고 노력하는 것이 훨씬 더 효과적이라는 것을 강조합니다. 아이가 행복한 마음으로 자신의 재능을 발휘하려면 아이의 부족한 부분보다는 강점에 주목하고 그것을 인정해 주는 것이 바람직하다는 것입니다. 아이가 가장 인정받고 싶어 하는 대상은 바로 '부모'이기 때문에 부모가 강점을 찾아 인정해 주면 대부분의 아이들은 강점뿐만 아니라, 자신의 부족한 부분까지 보완하려고 노력합니다. 그러나 어떤 때는 아이의 강점을 찾아보아도 도무지 보이지 않을 때가 있습니다. 이럴 때는 강점을 찾는 방법이 잘못된 것은 아닌지 점검해 볼 필요가 있습니다. 내 아이의 강점을 찾을 때는 다른 아이들과 비교하여 우수한 부분을 찾는 것이 아니라, 오로지 내 아이가 가진 여러 가지 특성 중에서 가장 나은 부분을 찾아내는 것이 바람직합니다.

아이의 강점을 찾을 수 있는 여러 가지 지능이론 중에 하워드 가드너(Howard Gardner)가 주장한 다중지능이론이 있습니다. 이전에는 IQ가 높은 사람이 지능이 높은 것으로 인식되었으나, 하워드 가드너 교수는 '지능은 한 가지 분야에 국한되지 않고 다양한 지능이 존재한다'고 하여 8가지의 다중지능이론을 제시하였습니다. '사람은 각자 타고난 재능이 모두 다르고, 어떤 분야이든 강점을 가진 분야가 반드시 있으며 능력이 없는 사람은 없다'라는 것입니다. 아이의 강점을 발견할 수 있는 특성으로는 다음의 하워드 가드너의 다중지능이론에서 제시한 8가지 지능뿐만 아니라, 성실함과 끈기·회복탄력성, 심지어는 아이의 밝은 미소까지도 내 아이의 강점이 될 수 있다는 것을 꼭 기억하시길 바랍니다.

논리 수학적 지능	언어적 지능	대인 간 지능
· 수학자, 과학자, 프로그래머 등 · 논리적 혹은 수적 형태에 대한 민감성 및 식별하는 능력, 긴 연쇄적 추리와 논리를 다루는 능력	· 작가, 언론인 등 · 단어의 소리, 리듬, 의미에 대한 민감성 · 언어의 다양한 기능에 대한 민감성	· 상담치료사, 세일즈맨, 정치가 등 · 타인의 기분, 기질, 동기, 욕구를 식별하고 적절히 반응하는 능력

음악적 지능		자연탐구 지능
· 작곡가, 지휘자, 연주자 등 · 음악적 리듬, 가락, 음색을 내고 감상하는 능력 · 음악적 표현과 다양한 형태의 감상	**하워드 가드너 다중지능이론**	· 원예가, 생물학자, 여행가 등 · 자연현상에 대한 유형을 분류하고 규정하는 능력 · 기후 형태의 변화에 대한 감수성과 같은 자연탐구 능력

개인이해 지능	신체/운동적 지능	공간적 지능
· 철학자, 신학자 등 · 자신의 감정을 잘 알고, 감정의 차이를 식별하고, 감정을 행동하는 데 활용하는 능력 · 자기 자신의 감정, 욕구, 능력에 관한 지식	· 무용가, 운동선수, 배우 등 · 자신의 신체 움직임을 조정하는 능력 · 운동, 경기, 신체에 관련된 사물을 숙련되게 다루는 능력	· 작곡가, 지휘자, 연주자 등 · 음악적 리듬, 가락, 음색을 내고 감상하는 능력 · 음악적 표현과 다양한 형태의 감상

지구 인구가 80억 명에 이를 날이 멀지 않았다고 합니다. 하지만 그 많은 사람 중에서 우리 아이와 똑같은 얼굴, 똑같은 신체를 가진 사람을 찾을 수 없듯이 아이의 뇌 또한 지구상의 그 누구와도 똑같지 않습니다. 아이마다 뇌가 다르기 때문에 성격과 행동, 적성과 재능 등이 다르고, 형제, 자매, 심지어 쌍둥이들도 각자 좋아하고 잘하는 분야가 다릅니다. 그러므로 내 아이를 다른 아이와 비교하지 말고, '다른 아이의 뇌'가 아닌 '내 아이의 뇌'에 집중해야 합니다.

사회는 갈수록 빠르고 복잡하게 변하고 있고, 그만큼 다원화되고 있습니다. 여러 가지 삶의 방식이 존중받고 성공의 기준과 가치도 다양해지면서 자기만족이나 자아실현과 같은 주관적 기준이 개인의 성공 여부를 가리는 중요한 기준이 되는 시대입니다.

내 아이가 원하는 일을 하고, 좋아하는 사람들과 함께 어울리며, 행복한 삶을 살기 원한다면, 영어와 수학을 잘하도록 하는 노력 못지않게, 아이의 강점을 개발하려는 노력 역시 부모로서 해야 할 일이라 생각합니다.

아이의 강점을 기반으로 아이에게 스스로 결정하고 도전할 기회를 제공한다면 아이는 자신의 재능을 발휘할 뿐만 아이라 더욱 적극적인 학습자로 변해 갈 수 있습니다.

> **학습장애**
>
> 학습장애는 지능은 정상이지만 학습을 할 때 특정 능력이 떨어져 학업성취도가 낮은 경우를 말한다. 특히 읽기, 쓰기, 셈하기 영역에서 지능, 연령, 학력, 지적 수준보다 낮은 성취도를 나타내며, 이로 인해 학교생활이나 일상에서 적응장애가 나타날 수 있다.
>
> 대표적인 학습장애로는 다른 영역에는 아무런 문제가 없고, 오직 글만 읽지 못하는 난독증, 쓰기만 못하는 난서증, 숫자만 이해하지 못하는 난수증 등이 있다. 학습장애는 특정한 영역의 학습에만 심각한 문제가 있어 뒤늦게 장애를 발견하곤 하는데, 정확한 진단이 내려지기 전까지 아이가 게으르거나 산만하다고 단정하여 문제아 취급을 하게 되는 경우가 많으며, 이것이 아이에게 정서적인 상처로 이어진다는 것이 문제이다. 학습장애의 경우 아이의 상태에 따라 그에 맞는 학습 치료

를 꾸준히 하면 상당 부분 호전될 수 있다.

학습부진

학습부진은 지능은 정상이며 불안이나 우울 등의 정서적 문제나 가정환경, 학습전략의 부재나 주의력 결핍 등으로 학업성취가 떨어지는 경우를 말한다. 불안정한 가정환경이나 학업 스트레스, 교우관계 또는 반복적인 실패 경험을 통해 학습부진이 나타나는 경우가 많다. 학습부진의 경우에는 아이의 의욕을 떨어뜨리는 요인을 제거해 주면 학업성취도 향상된다.

학습지진, 학습지체

학습지진은 선천적으로 지적 능력이 결핍되어 학습이 뒤처지는 아이들을 일컫는다. 지능지수가 70~89 사이로 학습에 어려움을 겪고 배움이 더뎌서 학업성취가 이루어지지 않는다. 학습장애아는 잘하는 교과목이 있을 수 있는 데 비하여 학습지진아는 모든 교과목의 성취가 저조하다. 또 학습장애아는 다른 아동에 비하여 특정한 영역에서만 발달이 느리지만, 학습지진아는 언어를 비롯한 공간능력, 운동능력, 대인관계, 정서 등 전반적인 면에서 발달이 느리다는 점에서 학습장애와 구별된다.

학습지체는 지능이 정신지체 수준 이하로 학업성취가 어려운 경우를 말한다. 학습지진과 학습지체 모두 특수교육이 필요하다. 전 세계적으로 학습장애와 학습부진, 학습지진 및 학습지체를 겪는 아동의 비율은 전체 학생의 약 1/4을 차지하는 것으로 알려져 있다.

아이의 학업성취도가 적절하지 못할 때는 '능력 부족'이나 '노력 부족'을 탓하기보다는 지능 검사 및 전반적인 발달 검사를 통한 정확한 진단과 대처가 필요하다.

― Special Column ―

칭찬의 기술

아이의 성장, 발달에 있어 부모의 칭찬과 격려는 생명수와 같다. 하지만 적절한 칭찬은 아이에게 '약'이 되지만 그렇지 못할 때는 오히려 '독'이 될 수 있다. 칭찬과 격려를 할 때 주의해야 할 점을 살펴보자.

1. 결과보다는 과정을, 능력보다는 노력을 칭찬하기

가장 중요한 칭찬의 기술은 결과보다는 과정을, 타고난 능력보다는 아이가 통제 가능한 행동과 노력에 대한 칭찬을 해야 한다는 것이다. 예를 들어 똑똑하다, 예술적 재능이 특출나다, 운동신경을 타고났다는 식의 칭찬은 아이들로 하여금 자신에 대한 호감과 자긍심을 느끼게 할 수는 있겠지만, 이런 칭찬을 받은 아이는 재능을 '고정 자질'로 인식하기 쉽다. 즉, '머리가 좋구나'와 같은 지능에 대한 칭찬은 아이들로 하여금 혹시라도 '머리 나쁘다'는 평가를 받게 될까봐 어려운 과제를 피하고 쉬운 과제만 선택하게 하는 역효과를 초래할 수 있다.

2. '착하다'는 말보다 '고맙다'고 말하기

아이에게 '착하다'는 말을 너무 자주 하는 것도 '독'이 될 수 있다. 특히 부모가 원하는 대로 아이가 행동하기를 바라는 마음으로 '착하다'는 칭찬을 남발해서는 안 된다. 예를 들어 아이에게 심부름을 시키면서 '착하다'고 말하는 것은 아이가 심부름을 잘하도록 하려는 부모의 의도일 수 있다. '착하다'는 칭찬으로 길들여진 아이는 자기주장을 하지 못하거나 거절을 못하는 아이가 될 수 있으므로 '착하다'는 말 대신 '고맙다'고 말해 주는 것이 바람직하다.

3. '잘했다'는 평가의 말보다 '축하한다'고 진심 전달하기

'잘했다'는 평가의 말보다 '열심히 하더니 좋은 결과를 얻었구나'라고 말하며, 아이의 노력이 돋보이는 칭찬, 진심 어린 축하를 해 주어야 한다. 혹시라도 아이가 너무 들뜨거나 거만해지는 것을 방지하기 위해 "그래, 알았어. 다음에도 잘해~"라고 말하는 것은 곤란하다. 이런 말은 아이의 노력과 성과를 위축시킨다. 좋은 성과가 있을 때는 아낌없는 축하로 부모의 진심을 전달해야 한다.

4. 과장된 칭찬보다는 명확하고 구체적인 칭찬하기

아이의 기를 살려주려고 과장된 억지칭찬을 하는 것은 실패할 확률이 높다. 칭찬의 효과는 아이가 스스로 칭찬받기에 합당하다고 느낄 때 나타난다. 특히 아이가 커갈수록 부모의 과장된 칭찬을 오히려 모욕으로 느낄 수 있으니 주의해야 한다. 과장된 칭찬은 아이를 향한 부모의 낮은 기대치를 드러낼 수 있기 때문이다.

―― *Special Column* ――

아이를 칭찬할 때는 무엇을, 얼마나, 어떻게 잘했는지, 왜 칭찬하고 싶은지를 자세하게 표현하는 것이 좋다. 구체적이고 분명한 메시지를 담고 있을 때 칭찬의 효과가 더 높아진다.

5. 외적 보상은 신중하게 결정하기

부모는 아이에게 모든 것을 주고 싶다. 특히 아이가 무언가를 잘했을 때는 더욱 그렇다. 마음 같아서는 아이가 원하는 것도 사주고 용돈도 듬뿍 주고 싶다. 그러나 외적인 보상이 우선시되면 정작 아이가 잘한 일은 후순위로 밀려나거나 희석된다. 또 외적 보상에 길들여진 아이는 보상이 주어지지 않을 때는 노력하지 않고, 오로지 보상을 목표로 움직이는 습관이 형성될 수도 있으므로 외적 보상은 신중하게 결정해야 한다.

6. 아이의 꿈을 격려하기

심리학에는 '자기규정 효과(self-definition effect)'라는 것이 있다. '나는 이런 사람이다'라고 스스로를 규정하게 되면, 정말로 그런 사람처럼 행동하게 된다는 것이다. 마치 옛 선조들이 아호(雅號)를 지을 때 소지이호(所志以號)라 하여, 이루고자 하는 뜻을 별호로 삼았던 것과 흡사하다. '발명왕 에디슨'이나 '피겨여왕 김연아'처럼 내 아이의 꿈에 잘 맞는 멋진 별칭을 정해 불러 주자. '당신이 생각한 말을 1만 번 이상 반복하면 당신은 그런 사람이 된다'는 아메리칸 인디언들의 속담처럼 자녀를 향한 부모의 메시지는 놀라운 열매를 맺을 것이다.

7. 태어나줘서 고마워!

무엇보다 부모는 아이의 존재 자체를 칭찬해 줄 필요가 있다. 특별히 잘한 것이 없을지라도 부모에게 있어 아이는 그 자체로 칭찬받기에 충분한 존재이기 때문이다. '너는 참 소중한 아이야', '네가 태어난 날 엄마 아빠는 너무나도 기뻤단다', '네가 있어 정말 행복해', '무슨 일이 있어도 엄마 아빠는 언제나 네 편이야!', '태어나줘서 고마워' 등의 이야기를 통해 아이가 자신이 얼마나 소중하고 가치 있는 존재인지 느낄 수 있게 해 주자.

05

청소년기

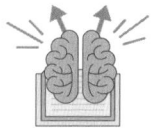

청소년기(12~18세)

   청소년기는 아이들이 생물학적으로 큰 변화를 겪어내야 하고 그로 인해 충동성을 조절하기 힘든 격동의 시기임에도 불구하고, 학업과 진로에 대한 부담과 제도적 규범을 지켜야 하는 이중 삼중의 어려움을 겪게 되는 시기입니다. 그러므로 부모는 청소년기 아이들의 발달적 특성과 변화를 잘 이해하여 아이들이 이 시기를 잘 보낼 수 있도록 도움을 주어야 합니다.

인지적 사고가 크게 발달합니다.

청소년기는 학령기까지 쌓아올린 각종 경험들을 기반으로 시냅스와 수초가 질적인 발달을 이루는 시기입니다. 이에 따라 종합적인 사고능력과 논리가 더욱 발달하고, 워킹 메모리(작업 기억력)의 용량이 커지며, 빠른 계산능력과 융통성, 유머 감각도 발달합니다. 이러한 뇌 발달은 아이들의 학습과 일상생활에 유용한 능력으로 작용하게 되는데, 이 무렵 학습능력이 우수한 학생들은 풍부한 지식과 학습전략을 통해 좋은 성과를 얻게 되지만, 그렇지 못한 학생들은 오히려 학습동기가 떨어지고 무력감을 느끼며 학습을 멀리할 수 있습니다.

후두엽이 발달합니다.

후두엽은 뇌의 뒷부분에 위치하는 가장 좁은 영역이지만 시각과 공간 기억력을 주관하는 중요한 역할을 수행하며 12세쯤부터 본격적으로 발달합니다. 후두엽의 발달로 인해 시각 기능이 발달한 아이들은 자신의 주위를 살펴보고, 자신과 다른 사람의 차이를 분명하게 알게 되면서 외모나 유행 등 시각적인 것에 민감하게 반응하기 때문에 겉으로 보기에 화려하고 멋진 것을 추구하며, 이로 인해 연예인이나 스포츠 스타에 열광하기도 합니다. 십대들이 헤어스타일과 패션에 많은 신경을 쓰고, 친구나 이성 친구를 사귈 때에 외모가 출중한 친구와 사귀고 싶어 하는 것도 후두엽의 발달과 연관이 깊기 때문이며, 이러한 특징을 나무라거나 제지하기보다는 자연스러운 발달 과정으로 인정하면서, 다른 부분에 대한 중요성도 함께 일깨워 주어야 합니다.

후두엽의 발달은 아이들의 학습에도 많은 장점이 있습니다. 후두엽은 다양한 시각정보를 인지하고 분류하고 처리하는 역할을 담당하기 때문에 아이가 공부할 때 학습목표, 대단원, 소단원 등으로 목차를 구성하여 짜임새 있게 공부할 수 있는 요령도 부쩍 발달합니다. 또한 많은 내용을 한 장의 도표나 그림으로 파악할 수 있는 시각적 이해력이 높아지기 때문에 그래프를 사용하거나 마인드맵, 체계적인 필기법 등을 활용하여 공부를 하면 효과적입니다.

▎후두엽(Occipital Lobe)

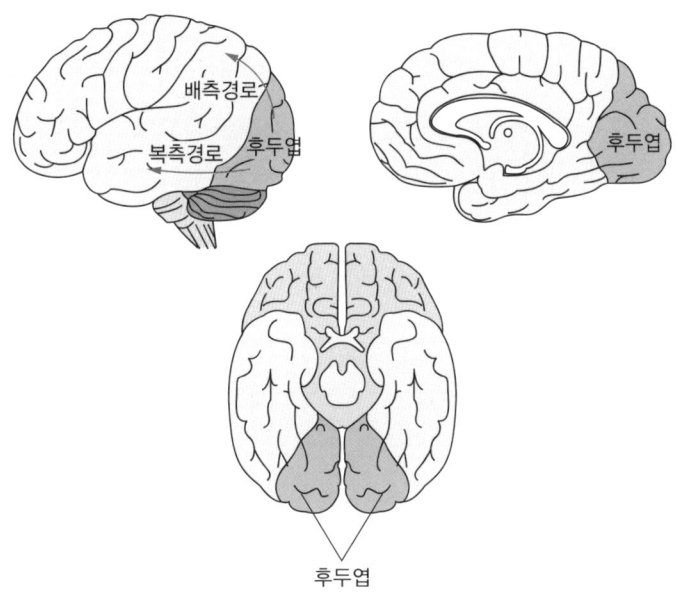

수면의 패턴이 변화한다.

뇌의 송과선에서 분비되는 생체 호르몬인 멜라토닌(melatonin)은 깊은 잠을 잘 수 있게 해 줄 뿐 아니라 스트레스로 인한 피로를 풀고, 면역력을 강화하는 역할을 합니다. 사춘기 아이들은 학령기까지의 어린 아동이나 성인에 비해 멜라토닌(melatonin)이 늦게 분비되어 그만큼 잠자리에 드는 시간이 늦어지는데, 이로 인해 많은 아이들이 늦게 자고 일찍 일어나는 것을 반복하게 되므로 항상 수면부족을 겪게 됩니다.

앞에서 살펴보았듯이 기억을 공고하게 하는 과정에서 수면의 역할은 매우 중요합니다. 잠자는 동안 아이들의 뇌는 대단히 빠른 속도로 새로운 신경회로를 형성하고 뇌의 회로를 재정비하기 때문입니다. 그런데 수면이 부족해지면 수면의 단계에서 가장 먼저 삭제되는 것이 기억의 공고화에 기여하는 렘수면 단계이기 때문에 잠이 부족하면 낮 동안의 학습을 효율적으로 조직화하고 체계화할 수 없습니다. 또 수면이 부족하면 집중력과 사고력, 감정 조절능력이 떨어지고 스트레스 호르몬 수치가 증가합니다. 그러므로 잠을 줄여가며 공부를 하기보다는 깨어 있는 시간을 효율적으로 활용하는 방안을 찾아야 하며, 자정 전에는 잠자리에 들 수 있도록 적절한 수면관리가 필요합니다.

정서조절이 어려워집니다.

얼핏 생각하면 아이들이 성장함에 따라 그만큼 성숙한 행동을 하게 될 것 같지만, 청소년기 아이들은 오히려 초등학생 때보다 더 감정조절을 하지 못하고 충동적일 때가 있습니다. 도대체 왜 이런 일이 생길까요?

그것은 아이들의 뇌가 부분부분 새롭게 재구축되면서 그만큼 불균형하고 민감한 상태가 되기 때문이며, 이로 인해 이 시기를 '뇌의 리모델링' 기간이라 부릅니다.

십대들의 뇌는 전반적으로 시냅스의 제거가 활발하게 일어나는데, 이런 와중에도 계속 발달 중인 전두엽에서는 여전히 시냅스의 형성이 활발하고, 또 이 시기에는 전반적으로 도파민 분비가 감소하지만, 전두엽에서만큼은 도파민 분비가 상대적으로 증가합니다. 이뿐만 아니라 전두엽의 발달이 아직 미숙한 청소년기 아이들은 자신의 감정 상태를 명확하게 파악하지 못하고, 감정 처리 또한 주로 편도체가 담당할 때가 많습니다. 실험을 통해 알아 본 결과, 청소년들에게 다양한 얼굴 표정이 담긴 사진을 보여주고, 사진 속에 있는 사람이 어떤 감정 상태인지에 대한 질문을 했을 때 많은 아이들이 사진 속 표정을 정확하게 파악하지 못했습니다.

이처럼 감정인식능력이 부족한 10대들은 자신이 불안하거나 두려움을 느낄 때의 감정을 분노로 잘못 인식하고 화를 내기도 하는데, 이러한 특징은 자신뿐만 아이라 상대방의 감정에 대해서도 마찬가지입니다. 이로 인해 상대방은 무서움을 느끼고 있는데 오히려 자신에게 화가 났다고 잘못 인식하기도 하는 것입니다.

이러한 상황들은 종합적인 사고를 하고 이성적인 판단, 감정 조절, 충동을 억제하는 전두엽의 발달과 관련이 깊습니다. 앞서 살펴본 것처럼 전두엽의 발달은 성인이 된 이후까지 지속되며, 대략 25세 정도에 안정적으로 성숙되기 때문에 10대들의 전두엽은 아직도 미성숙한 상태입니다. 이러한 이유로 청소년기의 뇌는 감정을 조절하고 충동을 제어하는 역할을 충분히 잘 해내기가 어렵습니다.

자녀의 몸집이 훌쩍 커버렸다고 해서 어른스러운 행동을 기대하기보다는 청소년기의 발달 특성을 잘 이해하여 아이들이 이 시기를 잘 보낼 수 있도록 더 많은 관심과 기다림을 보여 주세요. 사춘기를 지나 성인이 된 이후에는 전두엽의 시냅스가 정리되고 안정화됨으로써 이전보다 한층 성숙한 행동과 정서를 조절할 수 있을 것입니다.

자아정체감 vs 역할 혼돈

청소년기는 아이들이 자아에 눈을 뜨고 자기 생각이 확실해지기 시작하면서, 그동안 당연하게 받아들였던 부모의 양육 태도에 이의를 제기하며 자기주장을 펼치기도 합니다. 때로는 날선 비판과 반항을 일삼기도 하지만, 이것은 자연스러운 현상이므로 막을 수도 없고 막아서도 안 되는 일입니다.

에릭슨(E. H. Erikson)은 청소년기에 겪게 되는 심리사회적 갈등을 '자아정체감 vs 역할 혼돈'이라 하였는데, 청소년기에 접어든 아이들에게 '나는 누구인가?', '내가 속한 사회에서 나는 어떤 위치에 있는가?', '어떤 역할을 할 수 있을까?'에 대한 개념이 생기면 건강한 '자아정체감'을 형성하지만, 그렇지 못하면 '역할 혼돈'의 상태에 빠지면서 정서적으로 괴로움을 겪게 된다는 것입니다.

때로는 부모의 강단 있는 훈육이 필요할 때가 있지만 청소년기의 발달 특성을 충분히 이해하여, 강압적인 명령과 권위의식으로 아이를 억누르기보다는 이 시기를 내 아이가 어엿한 성인으로 성장하기 위한 과정으로 받아들이며 '나'를 찾고자 하는 아이의 마음을 이해하고 응원해 주어야 합니다.

― Special Column ―

아이는 어떻게 발달하는가?

미국의 심리학자 에릭슨은(E. H. Erikson)은 인간의 발달이 전 생애에 걸쳐 8단계로 진행된다고 하였으며, 각 단계마다 성취해야 할 발달과업과 극복해야 할 위기를 개념화함으로써 아이가 태어나 사회적 인간으로 성장하는 과정을 발달론적으로 분석하였다.

▎E. H. Erikson
(1902~1994)

▎에릭슨의 심리사회적 발달단계

1단계(출생~1세) | 신뢰감 vs 불신감

1단계는 출생 후 1년까지의 시기로 이 시기의 아기는 자신의 모든 것을 양육자에게 의존한다. 양육자가 아기의 신체적, 심리적 욕구를 잘 충족시켜 주면 아기는 세상을 안전한 곳으로 여기며 '신뢰감'을 획득하지만, 욕구가 잘 충족되지 않으면 '불신감'을 갖게 된다. 아기의 기본 욕구가 일관되게 충족되는 예측 가능하고 안전한 보살핌이 요구된다.

2단계(1~3세) | 자율성 vs 수치심과 회의감

이 시기 아이들은 자유로운 움직임이 가능해지면서 환경에 대한 통제가 가능해진다. 아이가 새로운 것을 자유롭게 탐색하고 충분히 경험하여 성취감을 느끼면 '자율성'을 획득하지만, 과잉보호를 받거나 지나친 통제 및 엄격한 훈육으로 인해 자신의 능력과 의지를 시험해 볼 기회가 주어지지 않으면 '수치심과 회의감'을 갖게 된다. 아이가 자발적인 행동을 했을 때 부모가 칭찬을 해 주거나 신뢰를 표현하면 건전한 자율성이 발달한다.

3단계(3~6세) | 주도성 vs 죄책감

3~6세의 아이들은 신체 및 정신기능이 발달하면서 생기와 활력, 호기심이 넘치고 자기주장이 뚜렷해진다. 이 시기 아이들은 자신의 주도하에 무엇이든 혼자서 해 보려고 하는데, 이때 부모가 아이의 주도적인 활동을 인정하고 포용해 주면 아이는 자신의 능력과 활동반경을 넓히면서 순조롭게 '주도성'을 획득하지만, 부모의 간섭과 제지가 심한 경우에는 '죄책감'을 획득하게 된다.

원하는 것에 대해 주도권을 가지고 적극적으로 도전함으로써 성공 경험을 쌓고, 이로 인해 주도성과 용기, 책임감을 기를 수 있다.

4단계(6~11세) | 근면성 vs 열등감

아이들이 초등학교에 다니는 시기로 학습과 사회화에 필요한 핵심적인 기술을 습득하는 시기이다. 따라서 부모뿐만 아니라, 교사와 또래 친구들의 영향력이 매우 커진다. 이 시기 아이들은 학교나 자신이 속한 사회에서의 성공과 성취를 통해 '근면성'을 획득하게 되는데, 만약 자신이 노력한 만큼의 결과를 얻지 못하면 또래집단에 비해 뒤떨어진다고 느끼며 '열등감'을 갖게 된다. 부모와 교사의 건설적이고 지도적인 칭찬과 격려가 지속적으로 필요하다.

5단계(12~20세) | 자아정체감 vs 역할 혼돈

청소년기는 자아정체성이 확립되는 시기로 자신에 대한 근본적인 질문을 던지게 된다. 내가 누구인지, 또 사회에서 어떤 역할을 할 수 있는지에 대한 개념을 잘 형성하면 건강한 '자아정체감'을 획득하지만, 이를 해내지 못하면 '역할 혼돈'의 심리 상태에 빠져서 모든 것을 부정하거나 정서적으로 큰 괴로움을 겪을 수 있다. 육체적으로는 급격한 성장을 하지만 정신적인 조정능력은 신체적 발달에 못 미치기 때문에, 독립을 주장하면서도 한편으로 안정과 보살핌을 원한다. 사랑과 포용을 전제로 때로는 적절한 한계설정이 필요하다.

6단계(성년기) | 친밀감 vs 고립감

성년기는 사회에 참여하게 되고 자유와 책임을 가지며, 스스로의 삶을 영위하게 되는 시기이다. 또 자신의 세계에서 벗어나 친구 선택, 직업 선택, 배우자 선택 등 다양한 문제를 경험한다. 따라서 성년기의 발달과업은 타인과의 의미 있는 대인관계를 통해 '친밀감'을 획득하는 것인데, 성년기에 '친밀감'을 형성하려면 이전 단계인 청소년기에 건강한 '자아정체감'을 획득하는 것이 중요하다. '친밀감'은 자신의 정체감과 다른 사람의 정체감을 융합시킬 수 있는 능력에서 나오기 때문이다. 이 시기에 상호신뢰와 애정을 바탕으로 친구, 동료, 연인 등과 좋은 관계를 맺게 되면 '친밀감'을 획득하지만, 그렇지 못하면 정서적으로 '고립감'을 느낀다.

7단계(중년기) | 생산성 vs 침체감

중년기는 인간의 발달이 개인의 차원을 넘어 세대와 세대를 잇는 성숙의 시기이다. 좁게는 자녀 양육에서부터 넓게는 다음 세대에게 자신의 능력이나 가치를 전수함으로써 사회의 존속과 유지를 위해 헌신한다. 생산적으로 일하며 직업적으로 능력을 발휘하고, 가정을 일구어 자녀를 양육하는 등 일과 사랑을 통해 만족을 느낄 때는 '생산성'을 획득하지만, 그렇지 못할 경우에는 과도한 자기 몰두, 좌절, 공허, 지루함 등의 '자기침체'를 겪게 된다.

8단계(노년기) | 자아통합감 vs 절망감

인생의 마지막인 노년기는 자신의 죽음에 직면하며 살아온 인생을 되돌아보게 된다. 이때 지나온 삶에 후회가 없고, 의미 있게 열심히 살았다고 여긴다면 충만한 감정으로 '자아통합감'을 획득하지만, 자신과 자신의 인생에 대한 혐오, 후회, 좌절 및 죽음에 대한 두려움이 과도할 경우 '절망감'에 빠지게 된다. 누구나 인생을 살다 보면 실패와 좌절, 후회를 피할 수 없다. 하지만 이를 수용하고, 한계를 인정하며 그 안에서 의미를 찾을 때 '진정한 통합감'을 획득할 수 있다.

주목해야 할 것은 각각의 발달단계에서 맞이하는 위기를 성공적으로 해결하면 개인의 성격이 정상적으로 발달되고 다음 단계에 적응할 수 있는 힘을 얻게 되지만, 그렇지 못하면 다음 단계의 발달을 지연시킬 가능성이 있다. 하지만 '성공적인 해결'이 반드시 긍정적인 측면만을 의미하는 것은 아니다. 각각의 단계에서 긍정적인 측면과 부정적인 측면을 함께 경험하면서, 긍정적인 측면이 부정적인 측면보다 더 큰 비중을 차지할 때 건강한 자아발달과 성장을 이룰 수 있다.

EPILOGUE
에필로그

　미국에 와서 상담심리사가 되기 전까지 15년의 시간을 영유아 교육 프로그램을 만들며 바쁘게 살았습니다. 처음에는 새로운 프로그램을 만드는 것이 재미있었고, 참신한 아이디어도 많았습니다. 하지만 시간이 지날수록 '뇌 발달의 결정적 시기'라 불리는 영유아들을 대상으로 교육 프로그램을 개발하는 것이 매우 조심스러웠고, 이내 막중한 부담과 책임감이 뒤따랐습니다. 그렇게 무거운 마음 때문인지 지나온 시간 동안 뇌에 대한 공부를 게을리할 수 없었습니다. 일과 육아를 병행하느라 엄청난 업무량에 압도당하기도 했지만 밤을 새워 책을 읽고, 요약하며, 알기 쉽게 척척 설명할 수 있도록 가끔씩 책에 있는 뇌 그림을 종이 위에 따라 그려가면서 공부했던 기억도 떠오릅니다.

　돌아보면 오랜 세월 읽어 온 책들은 저에게 가장 큰 스승이었습니다. 나보다 먼저 공부하고 고민해 온 수많은 저자들의 노고 덕분에 저는 시간을 절약하고 시행착오를 줄일 수 있었으며, 방대한 연구 자료와 수많은 정보를 손쉽게 접할 수 있는 행운을 누렸습니다. 또 이를 바탕으로 오랜 시간 동안 꾸준히 사랑받는 교육 프로그램을 개발할 수 있었고, 아이들이 보내준 사랑과 부모님들의 신뢰 속에 전국 문화센터와 각 지역 육아종합 지원센터, 건강가정 지원센터 등에서 통합놀이 베이비붐, 톡톡아이,

오렌지 유치원, 이삭스쿨, 오감아이 등의 다양한 교육 프로그램을 기획할 수 있었습니다.

이 책을 쓰면서 저는 이제서야 오랜 세월 아이들에게 진 빚을 조금이나마 갚게 되는 것 같습니다. 제 나름대로 정성을 다해 쓴 책이지만 한편으로는 다소 제한적이고, 부족한 부분이 있을까 봐 걱정이 되기도 합니다. 미흡한 부분이 발견되거나 궁금하신 점이 있으시면 너그러운 마음으로 지적해 주시고 문의해 주시기 바랍니다.

한 권의 책을 세상에 내놓으며 설렘과 두려움이 공존하지만, 오랜 세월 읽어 온 수많은 책들이 저에게 스승이 되어 주었듯이 이 책 또한 자녀를 양육하는 부모님들께 작게나마 도움이 되길 바랍니다. 그리고 책을 읽어주시는 저의 소중한 독자분들께 감사한 마음을 전합니다.

이에스더 esther2635@gmail.com

참 / 고 / 문 / 헌

1장
- 뇌가 지어낸 모든 세계 - 엘리에저 스턴버그 / 다산사이언스
- 뇌·신경 구조 교과서 - 노가미 하루오 / 보누스
- 매직트리, 뇌 과학이 밝혀낸 두뇌성장의 비밀 - 메리언 다이아몬드, 재닛 홉슨 / 한울림
- 박문호 박사의 뇌과학 공부 - 박문호 / 김영사
- 앳킨슨과 힐가드의 심리학 원론 - Susan Nolen-Hoeksema, Barbara L. Fredrickson, Geoffrey R. Loftus, Christel Lutz / 박학사
- 뇌를 살리는 부모 뇌를 망치는 부모 - 장보근 / 위즈덤하우스
- 엄마, 나는 똑똑해지고 있어요 - 천근아 / 위즈덤하우스
- 내 아이의 공부머리를 깨우는 두뇌개발 학습법 - 나가에 세이지 / 팜파스
- 생활 속에서 실천하는 세로토닌 뇌 활성법 - 아리타 히데오 / 전나무숲
- 당신의 뇌는 최적화를 원한다 - 가바사와 시온 / 쌤앤파커스
- 공부하는 뇌 - 다니엘 G. 에이멘 / 반니
- 뇌는 달리고 싶다 - 안데르스 한센 / 반니
- How to futureproof your brain and body - New Scientist
- The Dragons of Eden: Speculations on the Evolution of Human Intelligence - Carl Sagan / Ballantine Books

2장
- 아이 뇌에 상처 입히는 부모들 - 도모다 아케미 / 북라이프
- 아동학대와 상처받은 뇌 - 도마다 아케미 / 군자출판사
- 뇌의 탐구 신경과학 - 강봉균 / 바이오메디북
- 교육심리학 - 조규판 외 2명 / 학지사
- 교육심리학 용어사전 - 한국교육심리학회 / 학지사
- 예스 브레인 아이들의 비밀 - 대니얼 J. 시겔, 티나 페인 브라이슨 / 김영사
- 공부하는 독종이 살아남는다 - 이시형 / 중앙북스
- 태아성장보고서 - KBS 첨단보고 뇌과학 제작팀 / 마더북스
- 앳킨슨과 힐가드의 심리학 원론 - Susan Nolen-Hoeksema, Barbara L. Fredrickson, Geoffrey R. Loftus, Christel Lutz / 박학사

- 2018 보건복지부 아동종합 실태조사
- Affective Neuroscience: The Foundations of Human and Animal Emotions - Jaak Panksepp / Oxford University Press
- General and specific effects of early-life psychosocial adversities on adolescent grey matter volume - Nicholas D. Walsh
- The science of risk: How a neuroscientist and professional climber learned from one another
  https://web.musc.edu/about/news-center/2019/03/18/how-a-neuroscientist-and-professional-climber-learned-from-one-another

3장
- 심리학의 이해 - 윤가현, 권석만 외 13명 / 학지사
- 심리학을 변화시킨 40가지 연구 - 로저 R. 호크 / 학지사
- 머리를 비우는 뇌과학 - 닐스 비르바우머, 외르크 치틀라우 / 메디치미디어
- 내 아이의 공부 머리를 깨우는 두뇌개발 학습법 - 나가에 세이지 / 팜파스
- 아버지가 아이에게 꼭 해줘야 할 20가지 - 히라야마 사토시 / 파라북스
- 이중언어발달과 언어장애 - John Paradis, Fred Genesee, Martha B. Crago / 박학사
- 적기두뇌 - 김영훈 / 경향미디어
- 언락 - 조 볼러 / 다산북스
- 공부머리 최고의 육아법 - 하세가와 와카 / 오리진하우스
- Brain changes in response to experience - M. R. Rosenzweig, E. L. Bennett, M. C. Diamond
  https://doi.org/10.1038/scientificamerican0272-22
- The Learning Pyramid - 미국 행동과학연구소 NTL(National Training Laboratories)
- Memory for pictorial information and the picture superiority effect - Albert A. Maisto, Debbie Elaine Queen
- Exploring the neurological substrate of emotional and social intelligence - Reuven Bar-On
- N-Acetylaspartate concentration in the anterior cingulate of maltreated children and adolescents with PTSD - De Bellis M. D.

- A default mode of brain function: A brief history of an evolving idea - Marcus E. Raichlea
- EBS 60분 부모 - 김미라, 정재은, 최정금 / 경향미디어
- 공부하는 독종이 살아남는다 - 이시형 / 중앙북스
- 육아는 과학이다 - 마고 선더랜드 / 프리미엄북스
- 공부의 미래 - 구본권 / 한겨레출판사
- http://www.brainm.com/software/pubs/brain/Raichle%20Snyder%20Default.pdf
- Penfield's homunculus: a note on cerebral cartography https://jnnp.bmj.com/content/jnnp/56/4/329.full.pdf
- Contributions of anterior cingulate cortex to behaviour - Orrin Devinsky http://citeseerx.ist.psu.edu/viewdoc/download?doi=10.1.1.667.1375&rep=rep1&type=pdf

4장
- 전생애 발달의 이론 - 정옥분 / 학지사
- 뇌를 알면 아이가 보인다 - 김유미 / 해나무
- 뇌를 살리는 부모 뇌를 망치는 부모 - 장보근 / 위즈덤하우스
- 잠자는 아이의 두뇌를 깨워라 - 김미랑 / 한울림
- 몸놀이가 아이 두뇌를 바꾼다 - 질 코넬, 셰릴 맥카시 / 길벗
- (0~36개월 아기를 위한) 두뇌교과서 - 코쿠부 요시유키, 이나가키 다케시 / 브레인월드
- 우리 아이 영재로 키우는 엄마표 뇌교육 - 서유헌 / 동아엠앤비
- 10살 전 아이에게 꼭 심어줘야 할 5가지 품성 - 이명경 / 살림
- 초등 자녀교육 골든타임을 잡아라 - 박원주 외 3명 / 성안당
- 학습된 낙관주의 - 마틴 셀리그먼 / 21세기북스
- 10대의 뇌 - 프랜시스 젠슨, 에이미 엘리스 넛 / 웅진지식하우스
- 십대들의 뇌에서는 무슨 일이 벌어지고 있나 - 바버라 스트로치 / 해나무
- EBS 60분 부모(스스로 공부하는 아이로 키우는 자녀교육서) - 최정금 외 2명 / 경향미디어
- 청소년의 뇌가 궁금해
- Disorganising factors of infant personality - M. A. Ribble

- Affective Neuroscience: The Foundations of Human and Animal Emotions
  - Jaak Panksepp / Oxford University Press
- Feeling the Pain of Social Loss - Jaak Panksepp
  https://www.scn.ucla.edu/pdf/PankseppPerspective.pdf
- Penfield's homunculus: a note on cerebral cartography
  https://jnnp.bmj.com/content/jnnp/56/4/329.full.pdf

좋은 책을 만드는 길
독자님과 **함께**하겠습니다.

내 아이를 위한 엄마의 뇌 공부

초 판 발 행	2022년 04월 15일 (인쇄 2022년 03월 16일)
발 행 인	박영일
책 임 편 집	이해욱
저　　　자	이에스더
편 집 진 행	윤진영
표지디자인	권은경
편집디자인	심혜림 · 정경일
발 행 처	시대인
공 급 처	(주)시대고시기획
출 판 등 록	제10-1521호
주　　　소	서울시 마포구 큰우물로 75 [도화동 538 성지 B/D] 9F
전　　　화	1600-3600
팩　　　스	02-701-8823
홈 페 이 지	www.sdedu.co.kr
I S B N	979-11-383-1972-0(13590)
정　　　가	15,000원

※ 이 책은 저작권법의 보호를 받는 저작물이므로 동영상 제작 및 무단전재와 배포를 금합니다.
※ 잘못된 책은 구입하신 서점에서 바꾸어 드립니다.